生活勵志
059

領悟兩個字，找回那個微笑的自己

暢銷心靈作家
何權峰

高寶書版集團

自序

五歲的時候，媽媽告訴我快樂是人生的關鍵。
上學以後，老師問我長大後的志願夢想是什麼？
我寫下「快樂」，他們說我沒搞清楚題目，我告訴他們，是他們沒搞清楚人生。

——搖滾樂巨星約翰藍儂

常有讀者寫信給我述說自己的煩惱。有些人說：「我常執著負面情緒和念頭，要如何改善？」；有些人多年來一直陷溺在心靈的黑暗深處：自卑、恐懼、憤恨、罪疚、沮喪……；還有些人面對人生困境與關係挫敗的種種問題，無所適從。

會問這些問題表示大家並沒有搞清楚。當你說：我太執著負面情緒和念頭，要如何改善？你並沒有真正了解。如果你知道自己抓著垃圾，你需要有人教你抛棄嗎？你需要任何努力來丟掉嗎？如果你了解，你自然就會丟掉。

我常說：去解決一個問題事實上並不是要去解決它，而是去了解它，答案並不是在它的外面，它隱藏在問題裡面。這也是本書想傳達的重點。

了解——

「自在」，不是讓人喜歡你，而是喜不喜歡隨你。

「價值」，不在別人的嘴裡，而是在自己的心裡。

「自由」，是不怕討人厭，當你可以勇敢拒絕別人，你就自由自在。

了解——

「怒氣」，並不是對方有多壞，而是因為你很在乎。

「經驗」，不是事物在煩擾你，而是你的想法在煩擾你。

「爭吵」，不管誰先開始，只要「不說最後一句話」，所有問題與紛爭自然結束，不是嗎？

有件事大家必須明白：了解問題，並不能迴避問題，而是看清自己的問題就能不再陷入其中。

如果我是痛苦的而我想變得快樂，這種變得快樂的努力，就會造成更大的痛苦，因為痛苦依舊存在，重要的是去了解痛苦是什麼：「我為何會痛苦？為何有那麼多焦慮？為何那麼多苦惱？是什麼內在的因素引起的？」看清那些因素，你就免於痛苦的束縛，這就是領悟。

當你領悟「逆境」是上天的祝福；「敵人」其實是貴人；「罪疚」不是你的錯；「改變」，不是讓人跌落，而是讓我們起飛。那些焦慮、苦惱和痛苦自然煙消雲散。就好像你在一個黑暗房間點一支蠟燭，突然間那個黑暗就消失了。

然後你就會明白「平安」，不是外境的風平浪靜，而是內心的平靜；你就領略「缺憾」，人生不全是美好，但你可以欣賞其中的美好，並學會「隨緣」，有什麼，就享受什麼。

大部分人都想創造夢想中的生活，追逐我們想要的一切，對自己，對孩子、伴侶懷著很高的期待，不過，這也是人們一直不快樂的原因。

你不斷對人失望，想過嗎？這「期望」是你的，還是他們的？

你不斷「追求」，卻有更多的不滿，為什麼？因為欲望的本質就是不滿足。所以，關鍵並不在於不斷追求自己想要的東西，或是期待別人給你想要的東西，而是要改變想要的東西。

難道大家不覺得關愛、幸福和感恩才是喜樂之源，而這鑰匙就握在你手裡。想得到愛，先學會「自愛」，你必須先擁有，而不是找一個人來彌補自己沒有的；想要美好「愛情」，不是尋找一個完美的人，而是學會用完美的眼光，欣賞一個不完美的人；想要「幸福」，不是要去追求，而是要去感受。如果你沒感受到，那是你欠缺了一份「感恩」的心。

人生本該輕鬆自在，簡單富足——領悟兩個字，找回那個微笑的自己。

喜不喜歡隨你

自在

花開自美，評語由人。
——詩人王家春

什麼時候你會不自在？當你發現有人看著你，當你開始擔心別人對你有什麼看法，你就變得不自在。對嗎？

人們全都活在別人的看法裡，全都在意別人的眼光，害怕別人的論斷。可是，別人的看法是沒有標準的，就像有人覺得長髮好看，有人認為短髮好看，到底要聽誰？某人說你優秀，另一個又說你差勁，如何判斷呢？

有一個年輕人向禪師求教：「大師，有人稱讚我是天才，將來必有一番作為；也有人罵我是笨蛋，一輩子不會有多大出息。依您看呢？」

「你是如何看待自己的？」禪師反問。

青年搖搖頭，一臉茫然。

禪師說：「比如同樣一斤米，若用不同眼光去看，它的價值也就迥然不同。在主婦眼中，它不過能做兩三碗米飯而已；在農民看來，它只值一塊錢罷了；在賣粽子人的眼裡，包成粽子後，它可賣到三塊錢；在做餅的人看來，它被加工成餅乾可賣五塊；在味精廠的人眼中，它可提煉出味精，可賣十幾塊；在酒商看來，它可以釀成酒，可賣四十元，不過米還是那斤米。」

禪師頓了頓，接著說：「同樣一個人，有人將你抬得很高，有人把你貶得很低，其實，你就是你。你究竟有多大出息，取決於你到底怎樣看待自己。」

如果你不看好自己，有誰會看好你？

詩人王家春說：花開自美，評語由人。就像湖裡的荷花，只顧亭亭玉立即可，不必在意行人是在觀賞荷花，還是選擇欣賞陸地上的玫瑰。

有人不欣賞荷花，它一點都不在意，只是你一廂情願。若你不喜歡或討厭它，它也不會受到影響，那是你的事。它開花，並不是因為別人的讚賞，也不是因為會得到任何回饋。它們只是做自己。

多年以前，我若是看到有人在我上課或演講的場合打瞌睡，心中就會感到不悅，心想：「是不是我講得不夠精彩，否則別人會睡著了？」後來我想通了，其實，他為什麼打瞌睡，誰知道？別人有什麼反應，是別人的問題。不是這世上所有的人都要喜歡我，我也不是喜歡世上的所有人。怎麼可能所有的人都喜歡我呢？

自在，就是「當別人不在」——這就是我，喜不喜歡隨你！

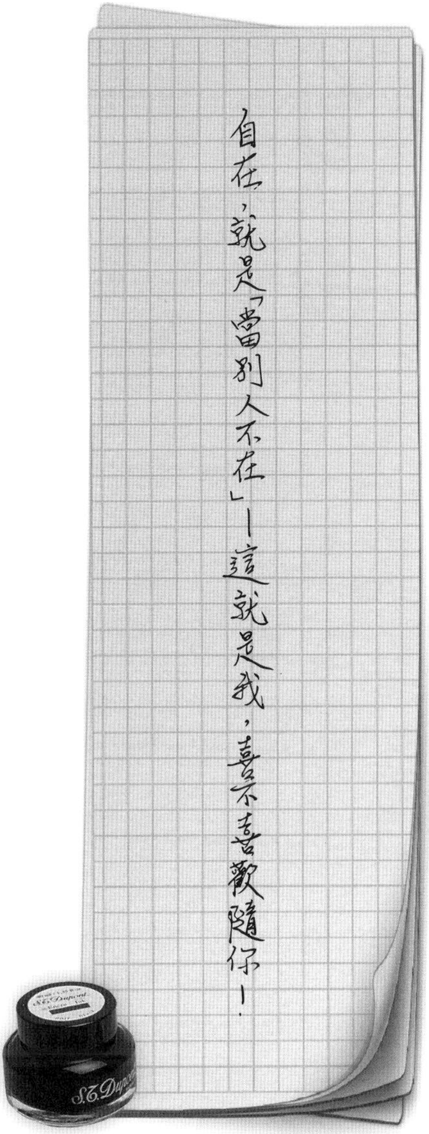

自由

人生而自由，卻處處處於枷鎖之中。

——法國哲學家盧梭

有位憂心的學生問了一個兩難的問題：「我不想答應同學邀約，又怕拒絕了，他不高興，以後不理我，我該怎麼辦？」

我說：「那要謝謝他，他給了你自由。」

當人們認同你，喜歡你時，常常取走你的自由，因為你不想讓他們失望，所以你必須處處迎合。當他們不認同你或不理你時，他們不再對你期待，你反而自由了，不是嗎？

有個玩世不恭的年輕人，某天突然發布了結婚的消息，大家驚訝之餘，私底下都議論紛紛，沒有人看好他的婚姻。

只是，跌破大家眼鏡的是，婚後的他竟彷彿脫胎換骨，徹底變了一個人。

週末，他不再通宵達旦地玩樂，甚至連應酬也是能免則免。他的轉變，讓那些以前與他一起玩樂的朋友們很不習慣。

他們試著誘惑他，希望他如從前一般，繼續跟著他們夜夜笙歌：「每天悶在家裡多沒意思！」、「跟我們出來玩一玩，別告訴老婆，不就好了？」

可是，他都不為所動地拒絕了。

朋友們漸漸覺得無趣，卻又忍不住好奇地問：「每天乖乖上班、下班、回家，不覺得很無聊嗎？」、「結婚後你的日子過得這麼苦悶，你怎麼受得了？」

「不。」他搖搖頭：「我不但不會受不了，還覺得很快樂呢。」

有朋友不以為然地說：「唉，如果是我，我才不結婚呢！結了婚之後，被婚姻、家庭綁得死死的，一點自由都沒有。」

「因為我對『自由』的想法改變了。以前我以為隨心所欲才是自由。可是，我現在明白了……」他說：「自由，不是『想做什麼，就做什麼』，而是『不想做什麼，就不做什麼』。」

很多人都不能真正理解自由，自由並不僅僅是能做自己喜歡的事，而是可以拒絕你不想做的事。

每隔一陣子，都要恭敬地拒絕許多邀約，採訪、聚會、演講……我越來越清楚地知道，自己要的是什麼，我得把時間留給自己，傾全力的做好手上的事。

再如，我需要不被人打擾的獨處時間，可以靜下來讀書、寫作、思考問題和做計畫。所以，經常關掉手機、不回覆別人來電，更少主動打電話給人，朋友一開始也抱怨連連，後來慢慢就成了習慣。

心理學家阿德勒說：「培養勇氣的第一步，就是不怕討人厭，唯有如此，才能獲得自由，活出真我。」我完全同意。當你可以勇敢拒絕別人的要求，你就自由了。

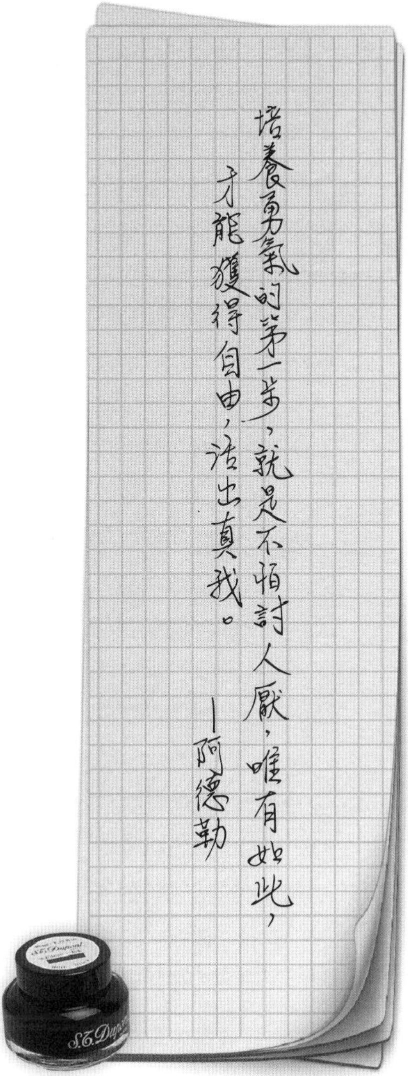
培養勇氣的第一步，就是不怕討人厭，唯有如此，
才能獲得自由，活出真我。
—阿德勒

在自己心裡

價值

看內在，不要看外在。
——老子

假設水就是原本的你。將水倒入杯子裡，水可以被塑成任何形狀，但是水還是水，本質是不會改變的。用兩個杯子裝水，一個是黃金做的，一個是陶土做的。黃金杯和陶杯是不同的，但裡面裝的水還是一樣。

我要說的是人的價值。太多時候，我們專注在自己的外表、以及外在的成就、表現，和別人的評價，以此評斷自己的價值，就像倒入杯子中的「水」一樣，以為杯子才是自己，而忘了自己是水的事實。當杯子形狀改變，就找不到自己。

「我是失敗者。」年輕人說。

「為什麼失敗？」大樹問。

「因為我犯了錯。」

「看看我，」那棵樹說：「起風的時候我彎腰，下雨的時候我讓自己往下垂。然而，我始終還是自己，一棵樹。」

「我無法接受這樣的改變。」男人說。

「看看我，」那棵樹說：「我每個季節都在改變，從綠葉變成黃葉，又變成綠葉，從盛開的花朵變成凋零的落葉。然而，我始終還是自己，一棵樹。」

「我再也不敢去愛了，」女人說：「為了愛，我已經放棄了自我。」

「看看我，」那棵樹說：「我的樹枝上有鳥兒，樹幹裡住著貓頭鷹，樹皮裡住著蛾和瓢蟲。牠們可能會拿走我所擁有的，可是我始終還是自己，一棵樹。」

我們都像是那棵樹。真實的你，不是你想的那樣。你不是你的成績文憑，不是你的職位，不是你的衣著裝飾，不是你的履歷表，不是你的身家背景，不是你的身材長相，不是你的戀愛史，也不是你的存款數字。這些事物完全不能說明你的價值。

老子說：看內在，不要看外在。你不是容器，你是容器裡所裝的。牢記這一點。外在事物會改變，但你的本質維持不變。

你也許經歷一場創傷，也許你的表現失常；也許有人背叛你，利用你或是拒絕你；也許是你的愛人離你而去；也許你的朋友突然對你冷淡或不再與你聯絡，又或者你認為過去發生的不幸都是因為你的錯，以致你覺得自己一無是處，毫無價值。朋友，你這就是忘了自己的本質。

香花即使掉到地上，還是香的；鑽石即使遺落在沙土中，還是閃閃發亮；一千元的鈔票即使被搓揉、被踐踏過，還是一千元。你的價值也一樣——是在自己的心裡，不在別人的嘴裡。當你尊重自己的價值，就沒有人可以輕易用他的價值影響你。

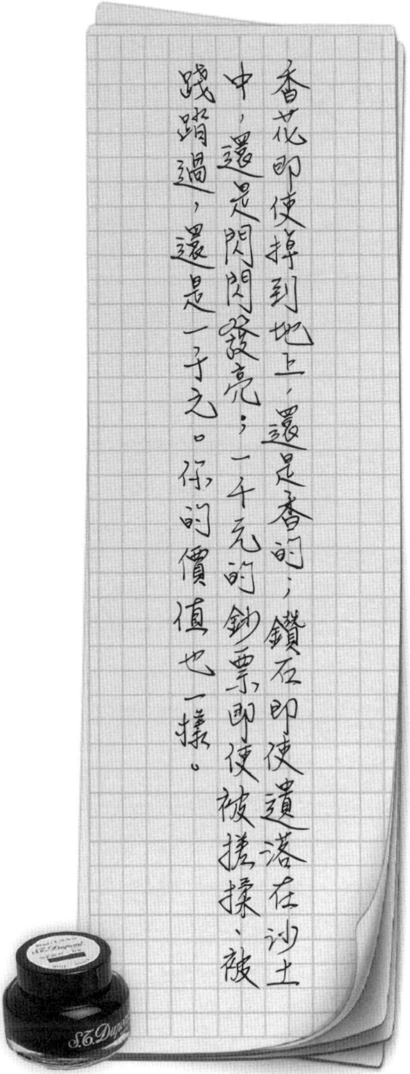
香花即使掉到地上，還是香的，鑽石即使遺落在沙土
中，還是閃閃發亮；一千元的鈔票即使被搓揉、被
踐踏過，還是一千元。你的價值也一樣。
S.T. Dupont

說的就是自己

投射

因為他心怎樣思量，他為人就是怎樣。

——聖經

那個人為什麼這樣對我？你百思不解。為什麼他會有那種表情？為什麼他會說那些話？為什麼他用這種態度？一連串的疑問搞得你心情煩悶。

事實上，你說的那個人就跟你我認識的多數人一樣，他們並非絕對理性，他們可能充滿自私、偏見、嫉妒、情緒化，甚至喜歡吹毛求疵。這是大家首先必須明白的，不管人家怎麼對你，與你不太相干——而是與他們自己有關，那不過是他們自我的一種投射，不必想太多。

以前我曾責怪一個自私的同事：「你真是不負

責。」然後他這麼回我：「你是在說自己吧！」

現在我明白他是對的，那只是我的「投射」——我的確也不想負責。

人常不自覺將自己的特點歸因到別人身上。以己度人，比如自己喜歡說謊，就認為別人也總是說謊；自己喜歡的事，以為別人也喜歡；心地善良的人會以為別人都是善良的；而敏感多疑的人，則往往會認為別人不懷好意……。心理學家稱這種現象為「投射效應」。

由於「投射效應」，我們可以從一個人對別人的看法來推測這個人的內心。

有一則大家熟知的故事。

蘇東坡和佛印面對面打坐，蘇東坡問佛印：「你看我坐的樣子像什麼？」

佛印說：「我看你寶相莊嚴，像一尊佛。」

蘇東坡大喜，故意損佛印說：「可是我看你卻像一堆牛糞。」說完哈哈大笑！

佛印卻只是笑而不語。

蘇東坡自以為占了上風，回家對妹妹炫耀：「每次都被佛印占便宜，今天總算扳回一城。」蘇小妹問明原委，嘆氣道：「哥哥你錯了。因為佛印心中有佛，所以說你像佛。你心中只有牛糞，所以才會把他看成一堆牛糞。」

你看別人是什麼，就表示你是什麼。別人是一面鏡子，自己才是鏡中人。明白了嗎？小時候常被欺負或責罵的人，他們會厭惡自己。但他們並不會看著鏡子對自己說：「我厭惡你。」他們會走向你，對你說：「我厭惡你。」他們會以種種你完全無法理解的方式對待你。

為何你會無法理解別人？因為他們在「投射」。因為那是他們自己的問題。如果有人厭惡你，那是「他的問題」；如果他不可理喻，那是「他的問題」；如果他對你惡言相向，那仍是「他的問題」。你不會知道別人的內心，也不會知道他們過去的遭遇，對嗎？

在生活中，我們總會發現，抱怨最多的人，往往也是為別人找最多麻煩的人。喜歡道人長短的人，他們自己的心態也都有問題；而當一個人心存邪惡時，就很容易看到別人的錯誤。所以，責備別人的人，才是真正需要被責備的人。如同聖經說的：「因為他心怎樣思量，他為人就是怎樣。」

當你討厭某人，用一些不好的言辭盡情批評別人的時候，也要注意了，你說的其實是自己──來說是非者，便是是非人。

人紅是非多

批評

死狗是沒人踢的。
——美國俗諺

妻子問：「你覺得這個世界上，哪一個人最完美？」

丈夫回答：「當然是妳。」

妻子樂在心裡，問道：「怎麼說呢？」

丈夫說：「因為其他人都被妳批評得一無是處啊！」

從這對話裡面可以看出什麼呢？

批評通常暗示自己比較好。當一個人罵另一個人沒道德時，那就表示自己有道德；當一個人嘲笑別人沒知識時，就暗示自己有學問；當某政治人物罵另一個政治人物無能時，就等於宣揚自己能力較強；當一個員工罵另一個員工很混時，那就表示自己比較負責盡職。這就是為什麼人們喜歡批評多於讚美。

被批評並不是一件壞事。別人討厭你，往往是因為在意你，也可能是妒嫉你。最受到批評的人，一國之中就是總統；在學校就是校長、主任；在你公司就是經理、主管；在娛樂圈，只要人紅自然受到人群、媒體關注，當然八卦是非也愈多。如果你得到器重或升遷，不要訝異批評會從四處冒出來。

「拜託，他根本沒能力，」有人可能會說：「他最會做表面，只會討好上司。」你認為自己只要安份守己，對方就會滿意嗎？很難，想化解所有的批評就好比企圖消滅全世界的蟑螂。

《法句經》中寫道：「世上絕對沒有單單受人非難，或單單受人讚美的人；過去不曾有，現在不可能有，將來也不可能產生，這是亙古不變的事實。」

「沉默會受到非議，多嘴會受人指責，即使寡言也不能免於見責。所以，世上絕對不存在沒有被人非議過的人。」只要你超群出眾，就一定會受到評論，最好趁早習慣。

有一個蘇菲神祕家，他熱愛繪畫，但所有當代的評論家都批評他，每個人都去他那裡告訴他：「這裡不好！那裡不對！」

他開始對這些人感到厭煩。所以，有一天，在他的房子前面，他把所有的畫都懸掛起來，然後邀請所有的評論家帶著畫筆、顏料前來糾正他的畫作，他們批評得夠多了，現在是他們可以進行修改的時候了。

結果，沒有任何一個評論家出現。

批評是不需要天分、不需要才華，也不需要人格的。批評別人容易，而自己要做是困難的。批評表演者很容易，自己上台表演困難；批評作品很容易，自己

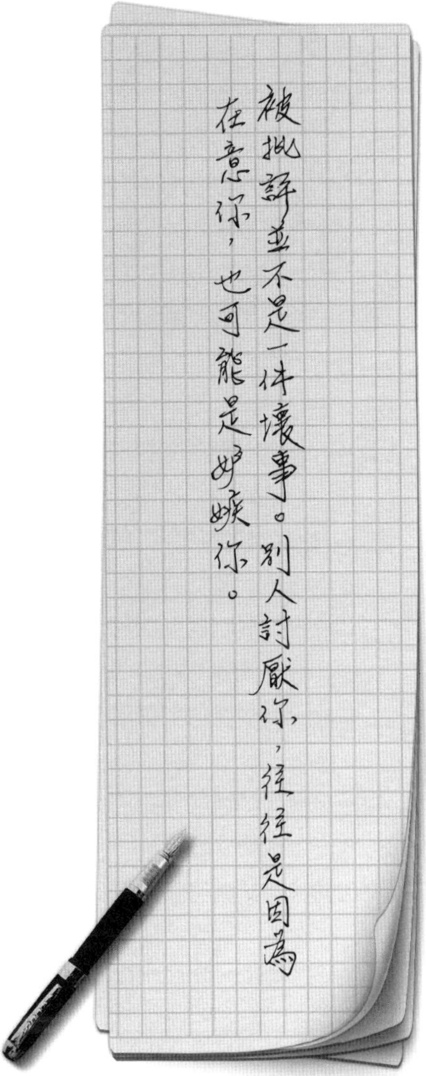
被批評並不是一件壞事。別人討厭你，往往是因為在意你，也可能是嫉妒你。

創作困難；你可批評畢卡索的畫，但你不能像畢卡索一樣畫。

你不會因為批評別人沒水準，就變得有水準，對嗎？

在乎了，就輸了

怒氣

生氣是拿別人的錯誤來懲罰自己。

——德國學者康德

如果你檢視自己的情緒反應，你將會發覺自己就像是按鈕一樣，隨時可以被啟動——某人說了幾句，你就受不了；別人使過來輕蔑眼色，你就怒面相向；有人批評你、辱罵你，你立刻氣呼呼地還以顏色。你總是為自己辯護：「是某人先惹我！我也沒辦法。」可是，事情真的像你所說的如此無助嗎？

某個人辱罵了佛陀，他的弟子問他：「我氣炸了，為什麼你卻無動於衷？」

佛陀說：「你真是讓我驚訝，他所說的話一點意義都沒有，那與我無關。但你卻被惹惱了，這是很傻的，為了別人的錯誤而懲罰自己，何必呢？」

人所以會生氣是因為不知道生氣的本質，當你知道別人生氣是起於無明或是他的習氣時，你不會跟著起舞，否則你就是愚昧。有時你做不到，這是因為自己的無明和習氣。

春秋時代，民間流行一種鬥雞的娛樂活動，齊王也很喜歡這種娛樂，所以請了一位名叫紀渻子的馴雞高手來為他訓練鬥雞。

紀渻子開始馴雞後的第十天，齊王問他訓練是否有成果了。

紀渻子答說：「還不到時候，因為牠鬥志昂揚，一心一意要和其他的雞一較高下。」

又過了十天，齊王又問起，紀渻子還是搖頭說：「還不行，牠依然一臉怒氣，抖聳羽毛。」

過了一個月，齊王很是著急，又問，「現在鬥雞總該馴好了吧！」可是紀渻子仍然搖頭，要齊王再耐心等上一陣子。

直到四十天後，才向齊王稟報，「鬥雞訓練成功了，牠現在聽到其他的雞叫，眼睛連一眨也不眨，看上去就像一隻木頭雞，不驚不動，其他的雞見到牠，都嚇跑了，這已是天下無敵的鬥雞了。」齊王聽了十分高興，後來，這隻雞上陣迎敵，果然從無對手。

有一次，有位同事措詞強烈譴責我。在他批評的當下，我很清楚他的指控和我並無關聯，所以我聽著他說而能保持心平氣和，因為我並不認同他說的話。同時，我也明白，如果我跟他一樣，又氣憤，又辱罵，他一定會覺得比較安慰……但我並不想。幾天後，他自覺理虧，一再跟我道歉。

李敖講過一段話非常真切，他說：不要過分在乎身邊的人，也不要刻意去在意他人的事。在這世上，總會有人讓你悲傷、讓你嫉妒、讓你咬牙切齒。並不是他們有多壞，而是因為你很在乎。所以想心安，首先就要不在乎。你對事不在乎，它就傷害不到你；你對人不在乎，他就不會令你生氣。在乎了，你就已經輸了。什麼都不在乎的人，才是無敵的。

有人侮辱你，如果你不在乎，那麼他能怎麼樣？他或許會說出更難聽的話，或許會做出更多的動作來打擊你、羞辱你，但是如果你不為所動，他能怎麼辦？他只能「自取其辱」，對嗎？

不說最後一句話

爭吵

路要讓一步，味須減三分。

——菜根譚

如果你問爭吵的人，衝突是如何發生的：「是『他』先開始的！」然後，繼續聽下去，你往往也會聽到：「但是我會這樣做是因為他……」接下去是：「可是我會那麼說是因為他……」這種雞生蛋、蛋生雞的爭論通常是沒完沒了的。

你對我口出惡言，我就對你惡言以對；你對我冷言冷語，我就對你冷嘲熱諷……火勢一旦蔓延開來，就很難撲滅。

某個公司有一個好鬥的女孩，很多同事在她主動發起攻擊之後，不是辭職就是請調。一天，她的矛頭指向了一個平日只是默默工作、話並不多的女孩子，誰知那位女孩只是微笑以對，一句話也沒說，只偶爾問一句：「啊？」最後，好鬥的那個女孩主動鳴金收兵，但也已氣得滿臉通紅，一句話也說不出來。

過了半年，這位好鬥的女孩子竟主動辭職了。

你一定會說，那沉默的女孩子修養實在太好了，其實不是這樣，而是那位女孩子聽力不太好，雖然理解別人的話不至於有困難，但總是要慢半拍，而當她仔細聆聽你話語並思索話語的意思，臉上會出現無辜、茫然的表情。你對她發作那麼久、那麼費力，她回應你的卻是這種表情和「啊？」的一聲，難怪鬥不下去。

「吵」字，「口」和「少」的合併，正是提醒大家，少說一句。

有個輔導老師告訴我，以前有幾個小六的同學，突然吵起來——他們原本已經做了好幾年的朋友。於是，老師把幾個叫去問。他們也說不出所以然。

「好吧，」輔導老師說，你們為什麼吵架其實並沒有那麼重要。現在，你們有三個選擇：「繼續爭吵、不要理對方、或是和好做朋友。」

他們互相討論之後，選擇不理對方。他們很高興可以不用再吵架了。到了快放寒假的時候，他們又決定重新做朋友。

吵架一個人是絕對吵不起來的，只要一方沒這個意思，拒絕合作，一個巴掌永遠也拍不響。

有位朋友說，他父母結婚四十多年，經常意見不合，但從不大吵大鬧。我問有何奧秘，他說他父母有個協定，當一個人大吼的時候，另一個就靜靜地聽著。這樣一來，大吼者就像氣球扎了一針，氣全放光了。

試試看，只要你「不說最後一句話」，紛爭自然結束。

035 爭吵

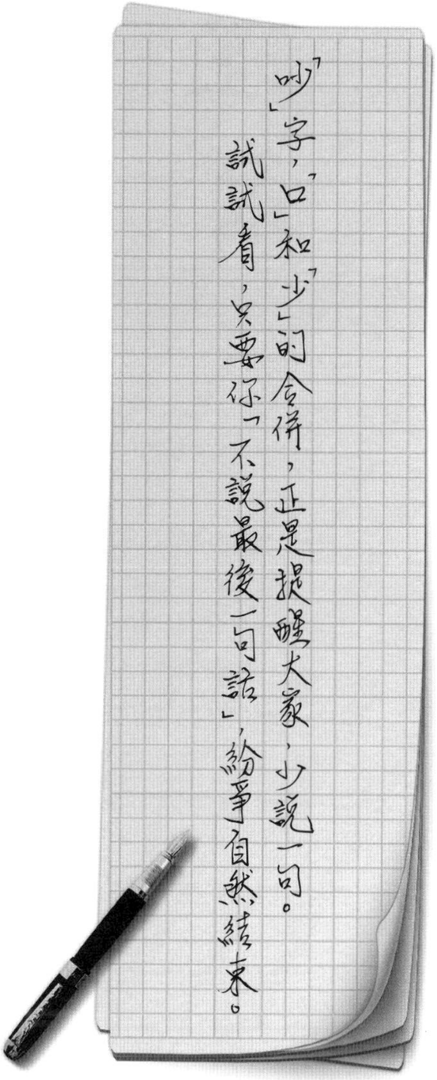
「吵」字，「口」和「少」的合併，正是提醒大家少說一句。
試試看，只要你「不說最後一句話」，紛爭自然結束。

站在對方立場

理解

理解一切，就會寬容一切。

——法國諺語

如果你問人們為什麼生彼此的氣，常常爭吵，得到的回答多半是：「因為我們看法不同。」但是，看法不同為什麼就要爭吵，這問題你想過嗎？

認為自己對，並不是錯事；但如果認為別人錯，卻是不對的。每個人都有自己的想法，如果一廂情願地認為：「我認為應該這樣，別人也應該這樣。」這就是問題所在。原本你想溝通，但你太堅持自己看法，就會起爭執；你想改善關係，但你愈是想把配偶、子女、朋友變成自己想要的樣子，關係就愈不合、疏遠。

有位朋友跟兒子的關係不好，他感嘆：「真搞不懂他在想什麼，他都不聽我的話。」

我問：「你是說，你兒子不聽你的話，所以你不了解他？」

「對啊！」

他顯然沒聽懂我的意思。我只好明說：「難道了解一個人，不是你聽他說，而是他聽你說？」

表達想法的目的，是為了讓別人更了解你。表達，但別強迫人接受。這兩者是有很大差別的。許多關係問題就在於他們過於強迫別人接受他們的觀點。

「對方為什麼不理解我的想法呢？為什麼不能按照我希望的去做呢？」化解關係的問題時，如果從這樣的心態出發，是解決不了問題的，因為那不是在理解對方，而是從自己的要求出發。

要想改善，就必須站在對方的立場，以他們的方式看世界。當孩子的也一樣，我們老是對爸媽說：「你們不了解我。沒有人了解我。」可是你有沒有想過，或許你也不了解他們？

理解別人並不意謂贊同他的觀點。它只是表示你能夠用另一個人的角度、心靈看這個世界。要記住，儘管我們見解不同，我都要承認你的觀點和我的觀點一樣重要。

其次，我們都應該承認，別人的感覺是真實存在的。換句話說，不要排斥或否認別人惱怒、恐懼、悲傷等等感覺；而是要理解這些感覺，以及對方的想法。

想想，如果我的感覺很重要，對別人來說，他的感覺不是一樣重要嗎？就像我不喜歡別人管東管西，對我的另一半和孩子來說，也應該不喜歡我管東管西吧！

想贏得認同，你就得很有智慧地說：「從你的觀點來看，我能體會。」

被別人理解，是人性深層的需求，一旦這個需求得到滿足，往往會發生很神奇的事情，負面的情緒消失了，敵對的情況不見，相互之間的尊重增加，彼此間問題也煙消雲散。

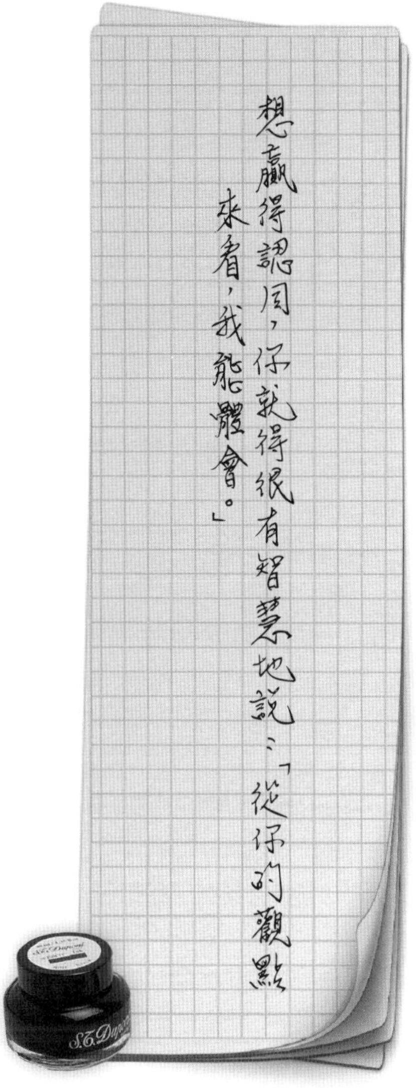
想贏得認同，你就得很有智慧地說：「從你的觀點來看，我能體會。」

那不是真正的他

評斷

偏見是無知的孩子。

——英國作家哈茲立特

人是經驗的產物，我們對事物的看法，經常是被自己過去的經驗限制或扭曲，所以大部分人的評斷並不客觀。麻煩的是，主觀愈強的人，偏見愈深，於是人與人之間的誤解、衝突與猜忌，於焉產生。

某國中的老師對他兩個學生，一向抱有很深的偏見。在他心目中，一個是品學兼優，另一個則被認為無可救藥。

一天，兩個學生都在教室自修，拿了書都睡著了。某老師打醒那個他認為很壞的學生，罵說：「你這懶鬼，拿著書就睡著了，你瞧瞧人家！睡著了還拿著書。」

偏見就是對事情預先判斷。我們說：「這學生很混」、「他是個好人」、「我的老闆很愛錢」、「男人都不能信賴」。不單如此，我們習慣揣測別人的動機。例如，先生很久沒有向太太獻殷勤了，下班途中為太太買了一束鮮花。回到家中將鮮花交給太太，太太一臉狐疑地問：「你是不是做了什麼虧心事？」先生聚餐，太太突然打電話來關心，先生很不開心：「妳打電話來查勤嗎？」一旦對人有了成見，不論對方做了什麼事都會想偏。而這就是評斷的本質。

從主觀的評論只會產生更多主觀的評論，以很混的學生為例，你可能會繼續想下去：所以考試會不及格，會變不良少年，會遭到學校退學，找不到工作，後來會自甘墮落，會犯罪，染毒癮……你幾乎可以無止境地想下去。

有兩個女人，坐在同一張桌子喝飲料。其中一個，把雨傘靠在桌邊，另一個在喝完飲料時，迷迷糊糊的，順手拿起雨傘就走。

雨傘的主人大聲叫說：「喂！妳拿了我的雨傘。」

前面那個女人一臉尷尬，紅著臉向對方道歉，說是忘了自己沒帶雨傘，一時誤拿。這件事，讓她想起需要買把雨傘，順便也買一把給孩子，於是她便去買了兩把。回家的路上，她正巧又跟那位之前被她誤拿雨傘的女人坐在同一輛公車上。

那女人注視著那兩把雨傘，說：「我看妳今天的成績還不錯嘛！」

我們多麼容易就對別人做出論斷，但那並不是人們真的樣子。突發一場脾氣並不代表此人就脾氣暴躁；偶而對你好的人，也不代表就是好人；上回分配工作，你正好沒空，也不表示你自私自利；單看一集，無法一窺連續劇的全貌。

在我跟學生做個案討論的時候，我常常刻意挑戰他們對某人行為舉止所做出的評斷，然後，要求他們再想一想是否還有其他可能的解釋。比方有位學生說某位老師對她很冷淡，她說：「他是在敷衍我。」

「是誰告訴妳的？」我問。短暫停頓後，她羞怯地回答：「是我猜想的。」

「妳很確定嗎？」我問。

「不確定。」她笑了。

你要做的是，時時反問自己：「我確定嗎？」把那些原有的「事情就是這樣」，改成「這只是我的看法」。

要記住，大多數的人並不瞭解你，反過來說，你也不完全瞭解這些人，既然如此，我們就不該輕易地去論斷他人，當然也別太在意別人的評斷。

就看你怎麼想

經驗

生活是由個人的想法造成的。
——古羅馬皇帝奧理略

如果你的車被突然衝出巷子的機車撞了，就是被撞了。然而，你如何經驗這「意外」，是要看你對它的想法——「人生難免有意外。」「這太可怕了」、「我真倒楣，為什麼這件事要發生在我身上？」、「還好！人平安就好。」等等。你有什麼樣的經驗，就看你怎麼想。

經驗不是外在的事物，而是內在的。十個見證意外的人，對於發生的事會有十種不同的體驗。每個人都以自己的想法，創造了自己的經驗。

我們時常聽聞有關人們的苦難。某個人歷經天災人禍、生離死別，從此一蹶不振，開始酗酒、自暴自棄……。在意會到是我們的想法讓自己受苦之前，我們很容易會為自己的行為提出合理的解釋，但是想必許多人都聽過有人經歷災難之後，反而浴火重生，不是嗎？

有位讀者寫信來說，她被自己最好的朋友出賣了，「我覺得很受傷，很痛苦。」

這就是沒搞清楚。想想看，有沒有什麼人或事情是能夠傷害我們？假設我的愛人移情別戀；假如我丟了工作，又病得很厲害；假設有一天大水淹沒了我的房子，當然我會覺得難過，但是，我能夠被這些傷害嗎？

事情的狀況不會傷我們的心，它們頂多引起一些生理上的不舒服，但不會讓我們痛苦，是我們的想法造成自己不快樂。

有病人感到不解：「我生了重病，這痛苦難道也是我自己想出來的？」

「沒錯，我們如何想，想什麼，是決定我們經驗的唯一因素。」我說，「如果你的身體狀況確實造成你的情緒痛苦，那麼你和其他相同病痛的人，便會一直感受著同樣痛苦，可是事實卻非如此。」當人面對病痛或死亡，造成情緒不安的，仍是我們對病痛或死亡的想法，而非病痛或死亡的本身。

奧理略大帝說得對：「假如你因某些事物而痛苦，其實並不是那些事物在煩擾你，而是你對它的想法在令你苦痛。」

並不是那個人傷害到你，而是那個想法「他怎麼能這樣對我」、「那些話太傷人」，是你的解釋說「他傷了我的心」在傷害著你。

並不是失戀造成痛苦，而是那個想法說「我不能失去他」，是你認為說「他欺騙了你」、「他辜負了你」在產生痛苦。

我曾與許多喪偶的人談過，我發現，若是心裡解釋親人離開的原因是：「都是我不好，我沒照顧好他……」、「他先走了，叫我怎麼活下去」，很容易陷入悲苦。若是解釋死亡的發生是：「他已經解脫了，現在不必繼續受苦……」、「他先走也好，由我承擔生離死別的痛苦……」多半都能釋懷。

引用心靈導師露易絲．賀的話：「你舊有的想法繼續形成你的經驗，直到你放下它們。你未來的思想尚未成形，而你也不知道它們會是什麼。你現在所想的，完全在你的控制之下。」就看你怎麼想。

情緒是這麼來的

念頭

此刻你的情緒是源於此時你腦海的思緒。

——心理學家
大衛・伯恩斯

學生：我覺得最近鬱悶不樂。

我問：你是不是常想不開心的事？

學生：我只是覺得筋疲力竭，壓力很大。

跟這學生一樣，多數人並未發現他的想法會影響心情，他以為自己的感受只是生活所造成的結果。

想想你的呼吸吧！在我提出的這一刻前，你必然已忘了自己在呼吸的事實。因為呼吸是如此自然的習慣。

思想也是一樣。腦子十分努力地去解釋我們的心情為何如此惡劣：「我心情不好是因為我壓力很大」或「我心情不好是因為人生很糟」、「我心情不好是因為我愛錯人」，這已成了習慣，也因此忽略壞心情其實是自己想出來的。

佛陀說：「我們怎麼想，我們就變成怎麼樣。」是的，你現在的感覺，便是你此刻的想法造成的結果。

想就是「念頭」。你現在就可以試試看，沒有不快樂的念頭可不可能不快樂！好，現在再試一下沒有想到你厭惡的那個人，你是否會感到厭惡？再試試沒有悲傷的念頭就悲傷，沒有生氣的念頭就憤怒。那是不可能的。事實上，想要產生任何感覺，就必須先有產生那種感覺的想法。

如果有個人用「斜眼」看你，如果你想的是：「這人敢瞄我，是不是欠揍！」如果你繼續往下想，只會越想越氣。反之，如果你改換個想法，「這人好可憐，眼睛怎麼歪成這樣！」你可能反過來還會同情他，對嗎？

是你的想法創造你的情緒，明瞭這句話的重要性，便是改善情緒的第一步。

有個人很不開心，因為他聽說有人在背後說他壞話。試想，如果他根本不知道別人背後的批評，他會不快樂嗎？當然不會，他怎麼可能對不知道的事不開心呢？

因此，別人怎麼說他，背地裡怎麼批評，都不會使他不快樂，是他自己的想法使他不快樂。對嗎？

人習慣沉浸在情緒當中，絲毫沒有想過要「往內看」，去體察一下，你內心正在想什麼？你有什麼感覺？你的情緒是否隨著你的想法一起出現和消逝？如果你能對生起的「念頭」加以覺察的話，那麼很多困擾你的事，就不會發生。

從我開始質疑自己的想法那一天起，痛苦就停止了。我終於明白，讓我痛苦的不是別人，而是自己的想法。

很顯然，抱持某個想法前，我沒有不開心；有了這個想法，我便覺得鬱悶不樂。這心情是怎麼來的？是自己「想出來」的，不是嗎？

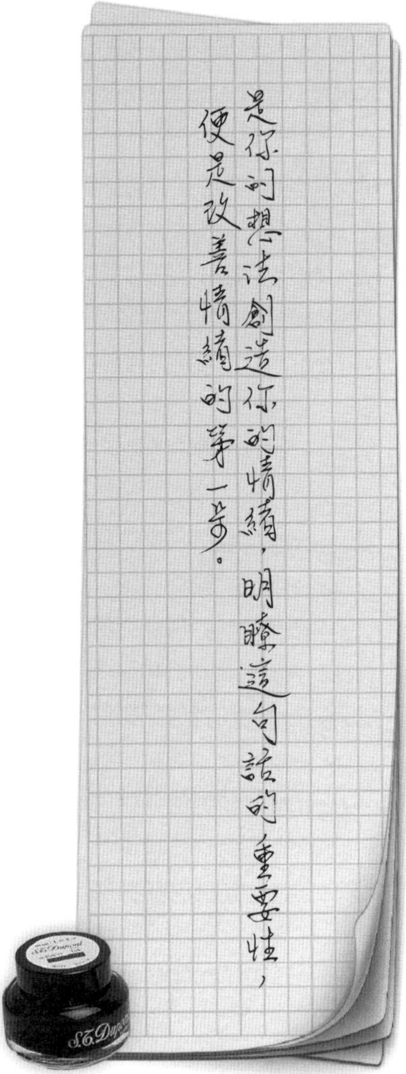
是你的想法創造你的情緒，明瞭這句話的重要性，
便是改善情緒的第一步。

快樂，隨心所欲

選擇

我們是有選擇，但不是全無煩惱。

——作家約瑟芬·哈特約

生活中，您願意選擇快樂，還是痛苦呢？這樣一問，大概都會覺得多此一問，當然是快樂，誰會選擇痛苦？

然而，事實真是這樣嗎？我發現人們似乎對痛苦比較有興趣，人們可以為任何沒有意義的事：為了憤怒、為了嫉妒、為了占有、為了恨，為了每一個不幸，為了一點小磨擦而犧牲掉快樂，所以怎麼能說大家對快樂有興趣？

當我這麼說，常有人提出異議：「你有所不

知。如果你知道我的處境。如果你也遇到同樣的事，如果你有一個這樣的老闆，你有一個那樣的伴侶，就會理解我為什麼不快樂。」

我的回答通常會讓他們感到驚訝，甚至覺得受到冒犯。我是這樣回答的：「不論什麼時候，如果你認為問題出在外在人事物，這個想法本身就有問題。」

有些人會反問我：「你的意思是，這全是我自己的問題？」

其實，我想說的是：「不論生活有多不如意，別忘了你是自己的主人，沒有人可以決定你的思緒和情緒，你永遠都有選擇快樂的權利。」每時每刻都會面臨選擇，你可以選擇用什麼觀點來解釋、選擇用什麼感覺來體會、選擇用什麼作法來處理。

愛情沒有了，回憶起來是快樂多，還是痛苦多？很多人覺得失去了當然是痛苦大於快樂，想起分手時刻的傷害讓人心中作痛。但你也可以感謝對方曾經留下甜蜜時光與美好回憶。

燈號變了，後面有人對你按喇叭，你可能很氣；但你也可以感謝對方按喇叭，讓你知道燈號變了。

有一句老生常談說：「你可以看到杯子裡只剩半杯水，也可以看到杯子裡還有半杯水。」你可以專注在生命裡做錯的事，也可以專注在做對的事上；你可以看自己擁有的，也可以看自己失去的。你決定要快樂，你就可以找到快樂；你選擇痛苦，就會找到痛苦的理由。

今天，你可能因為有工作而嘀咕，也可以為有工作而歡喜。你可以選擇對伴侶說句親切的話，也可以擺張臭臉；今天，你可以因玫瑰有刺而抱怨，或是感謝刺帶有玫瑰花。你可以憤世嫉俗、怨天尤人，也可以選擇接受生命中發生的每一件事情，從中找到力量與價值。

曾讀到一位絕症父寫給女兒的信，因為他知道，自己無法陪伴女兒成長。他想告訴女兒，「不論如何，她可以快樂」，因為「快樂是一種選擇，人們可以拿走你的東西或你的健康可能被奪走，但你自己可以選擇快樂。」

出生便罹患罕見疾病的麗莎．維拉斯維奎絲（Lizzie Velasquez），她長期受盡嘲笑，忍受路人異樣眼光，網路甚至稱她是「世界上最醜的女人」。

她說：「其實你的快樂不快樂，別人根本管不著，你的情緒好與壞，全由自己來決定。」

所以，不快樂的人應該自問：「為什麼我選擇讓自己不快樂？」而不是問：「為什麼世界這樣讓我不快樂？」

生活不會盡如人意，但如何看待卻能隨心所欲。

要回自己的力量

責任

一切只能怪自己。——大乘佛法

長久以來，人們一直把錯誤歸咎於他人：「我的企劃案行不通，要怪同組的其他人都不肯幫忙。」「我沒做完功課，是因為一直有人打電話來浪費我的時間。」「我吃太飽，都怪老婆菜煮太多。」「我犯了罪，那是魔鬼引誘了我」……錯的總是別人。

老王做事總是心不在焉，這天他剛從游泳池回家。他的妻子吃驚的發現，他只穿著內衣。

「你的襯衫哪裡去了？」

「喔，襯衫？一定是有人在更衣室把我的襯衫拿錯了！」

「可是別人的襯衫呢？我看你也沒穿啊！」

「可惡！」他氣著說：「那個人一定是個心不在焉的傢伙——竟然沒有把他的襯衫留給我！」

為什麼要怪別人？說穿了就是不願負責任。人不想負責就會開始怪別人。

「責任」是一個被誤解的詞，大多數人把它用於指責。「誰應該負責」意味著「這是誰的錯？誰應該承擔什麼懲罰後果。」

事實上，責任與責難之間是有差別的。當我們說到負責任時，是讓我們看到自己是可以對這件事有影響力；而當責難別人時，則是把改變的主權放在別人身上，自己只不過是無助的受害者。

有個女主人對來應徵的女傭說：「妳能做得長久嗎？看來妳已經離開過不少

地方了？」

女傭：「是的，太太，但我離開那些地方，都不是我願意的呀！」

當一個受害者在某方面是不錯的，因為責任都在別人身上，然而，這麼一來整個方向就錯了，你變成在別人身上找原因。如果原因出在別人，你能怎麼辦？你也「無能為力」，對嗎？

要想拿回自主權，就要明白一件事：「不管我身上發生了什麼事，我都有絕對的責任。」

拿出一張紙，中間畫一道線，在左邊請你列出使你不愉快的人或事情，並以數字依序排列。

在右邊是預備給你寫字用的，開頭都是「我應為此負責，因為……」以下的由你去填寫。每一項都請坦白真誠，並說明為什麼你該負責。

大乘佛法有句話說：「一切只能怪自己。」你對家庭不滿、對孩子失望，自己難道一點責任都沒有嗎？你抱怨伴侶，厭惡工作，當初又是誰選擇的？有人讓你失望，誰叫你要去期望；有人欺騙你，誰叫你要去相信。你並沒有自己想的那麼無辜。

無論發生了什麼事，你都有責任。一旦你有了這個認知，突然間，你的焦點就會從外轉向內，你學會了向內求——當你把指向別人的手轉過來指向自己，你就從別人手中要回自己的力量。

我們不能負的責

界線

君子有所為，有所不為。
——孟子

你經常涉入別人的私事嗎？你覺得別人老愛占你「便宜」？你很難向他人提出的要求說「不」嗎？

過去我常把自己搞得疲憊不堪，反省自己時，我發現問題就出在我沒設立「界線」。我對親友的事參與得太多，不僅熟知他們的私事，還把別人的問題攬在身上，這就是問題所在。人與人的交往若「越界」，往往搞得自己心力交瘁，久而久之超出個人的容忍限度時，還會造成關係破裂。

什麼是界線？

簡單說，就是將屬於自己與不屬於自己的責任作出清楚的區隔，避免由於為他人承擔過多責任，或使他人過度依賴。界線即是一道防線，可以讓別人知道：我是怎樣的人——我同意什麼，我不同意什麼，哪些我可以接受，哪些我不可以容忍。

舉例來說：當你拒絕別人，人們就知道你的界線，那麼當他們以後有事找上你的時候，你若說不，他們也不會生你的氣，因為他知道你就是這樣的人。反之，如果你處處迎合，當有天你拒絕別人，反而會被誤解或得罪人。

大家應該聽過「破窗理論」，某地方如果有一面窗子破了，沒有人理會，沒多久，整面牆的窗子都會殘缺，甚至公共設施都開始被破壞。又或是一條人行道有些許紙屑，如果無人清理，不久就會有更多垃圾，最終人們會視若理所當然地將垃圾順手丟棄在地上。

同樣道理，當你的生活沒有任何界線時，不僅讓自己陷入委曲，別人習慣了還會得寸進尺，對你予取予求視若理所當然。

作家肯・凱澤（Ken Kizer）說得對：「生命若沒有界線，別人就會進入你的生活，停留在你不希望的耽擱和他們不應該存在的地方。」

你可以對家人或親友設立必要的界線，不必覺得內疚或是有義務，即使對孩子也一樣，別因為他們一發脾氣時，就迎合他們，在他們一犯錯時就幫他們解決。千萬別越線，否則他們永遠學不會負責。

他們也許因你設立界線而生氣，但你可以選擇不被那怒氣影響。這怒氣也顯示出對方可能不懂得尊重別人，而他的情緒以及問題都不是你該承擔的，回到你的界線內，否則他們的問題就會變成你的問題。

我發現，人之所以會有很大的無力感原因在於：我們無法去負「我們不能負的責」，我們無法解決「不是我們的問題」。所以，堅守你的「界線」吧！

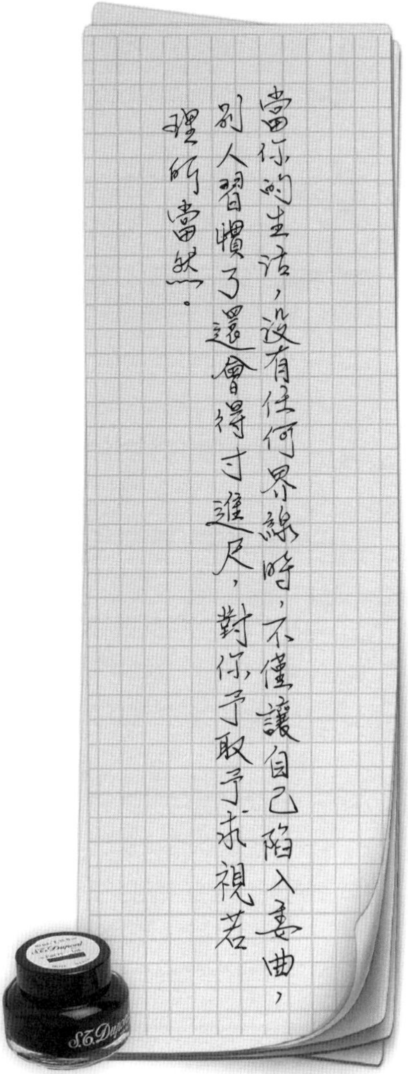
當你的生活，沒有任何界線時，不僅讓自己陷入委曲，
別人習慣了還會得寸進尺，對你予取予求視若
理所當然。

先從愛自己開始

自愛

關愛自己是關愛整個世界的開始。

——王爾德

愛最大的問題，就是每個人都希望被愛，而大家最欠缺的就是愛；每個人都想找個愛我們的人來證明自己是可愛的，當找不到或失去愛時，便誤認為自己不值得愛。

事實上，愛必須從自己開始。你原本認為別人應該善待你，其實是你應該善待自己；你認為伴侶應該尊重你，其實是你應該尊重自己；關係只是你的一面鏡子：你從他人身上得到的愛，或是未獲得的愛，正反映著你多愛自己。

愛自己是自私的嗎？

我們的社會譴責人們對自我的愛，認為那是自私的行為，這當然是錯的。花朵必須「自私」地吸取水分，供給枝葉與花朵，而後在開花的時候，才能分享美麗與芬芳；果樹必須「自私」地吸取養分，而後結滿果實的時候，才能分享甜美與營養。人必須「自私」地去追尋令他快樂的事，當他愈快樂，就愈能帶給其他人快樂。

有位太太告訴我：「現在對丈夫發脾氣時，我都會自問：『有沒有什麼事，本來是自己的分內事，但我卻怪他沒有替我做。』當我照顧好自己時，我感覺比較不生氣。而當我變得越來越快樂，跟丈夫的感情也越來越好。」

林肯說過：「你無法把自己變成窮人再去幫助窮人。」要想給別人什麼，你必須先擁有些什麼。

想想看，如果你對自己很冷酷，你能給人熱情嗎？如果你沒有知識，你能教別人學問嗎？如果你不曾歡笑，你能給別人歡樂嗎？我們無法給別人我們沒有的東西。一個不愛自己的人，將很難去愛別人。

沒錯，你必須先擁有，才能分享給別人，而不是找一個人來彌補自己沒有的。這段話我也常告訴失戀的人。失去愛的人常忘了，自己在遇到那人之前，其實也是一個人生活，一個人也可以過得很好。為什麼非要另一個人不可？

現在起，別再去求別人了，請停止在別人身上尋找愛。你想要的一切，本就已具足，你想要的一切都是你可以給予自己的。你不需要索取，你本身就可以給自己。這是你想要的愛，為什麼非得經由另一個人來尋求這份愛？

你可以愛任何人，但切記要先愛自己。只要你愛自己，自然會找到值得愛的對象。當你愈愛自己，愈滿足自己，就愈有能力分享你的愛，去愛別人以及被愛。

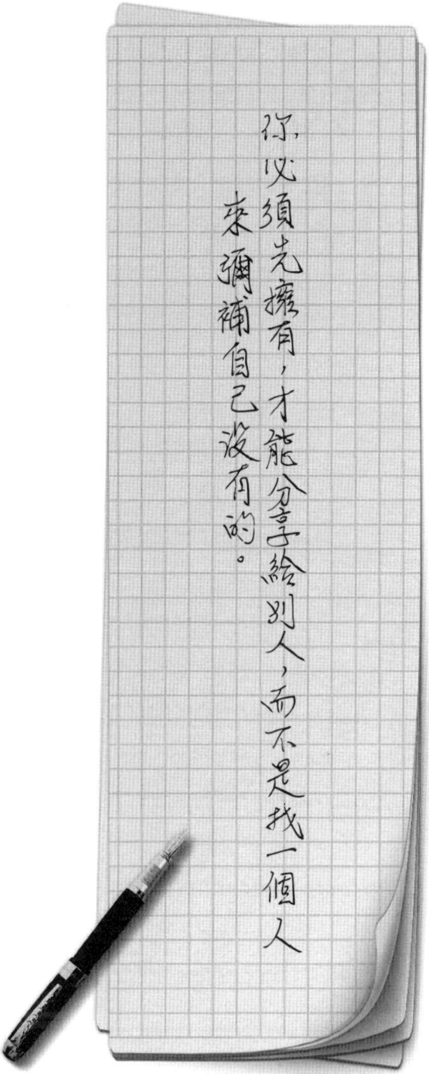
你必須先擁有，才能分享給別人，而不是找一個人
來彌補自己沒有的。

等待別人來愛，是條曲折小道；去愛自己，才是康莊大道。

犧牲

施惠無念，受恩莫忘。
——朱子家訓

愛一個人，我們會樂意為對方付出，覺得那是甜蜜的負擔；若不情願才會覺得犧牲。犧牲太多，怨恨必然愈多。

道理很簡單，當你覺得犧牲，便會把期待放在對方身上，希望對方能多關心你，多愛你一點，如果對方沒有達到「預期回報」時，問題就來了。

一個「犧牲者」常會把不滿與憤怒累積在心裡，無形中便將給予的愛附加了許多壓力。你注意到了嗎？那個你最常抱怨的人，也是你為他犧牲最多的人。如果你一直犧牲自己，也將成為別人的負擔。

有一個太太雖很勤勞，卻很愛抱怨，常抱怨先生不夠體貼，對她不夠好；抱怨先生在家從來不帶小孩、不幫忙家事……

一天，太太又向先生抱怨：「老公，你不是答應過我，說結婚後要高高興興地帶我到處旅行嗎？怎麼結婚五年了，你都沒有做到呢？」

老公答說：「可是，我到現在都還沒有『高高興興』過啊！」

感情最讓人負擔的，莫過於有人一直把他為你做的事掛在嘴邊。聽到一連串自己欠下的恩惠，確實讓人難以消受。曾經是美好的禮物，如今卻變成了索取回報的籌碼。

曾有讀者寫信給我，說她對一個男人不斷付出，但他始終拒絕回到她身邊，她問：「如果我繼續付出，卻沒挽回這段情感，那該怎麼辦？」

「凡事要為自己的快樂而做。」我告訴她：「當我們為某人做某件事時，我們是出自自己內心的歡喜而做，而非為了得到對方回報而做。如果妳懷疑自己值不值得付出，那最好別去做。」

這世界原本充滿著愛，每個人都關心所愛的人，但奇怪的是，為什麼被愛的人卻沒有更美好幸福？為什麼家庭與婚姻的不幸反而愈來愈多？一定有什麼地方弄錯了，否則怎麼會這樣？難道不該有愛嗎？不，愛並沒有錯，錯的是我們的關愛包含了太多的期待。

柴可夫斯基說過：「如果愛情是真情真意的，所受的委屈便很快就能忘記。」如果你愛這個人，願意為他做某件事，你會覺得不甘心嗎？如果會的話，那就表示你不是心甘情願的，既不是心甘情願，又哪是愛呢？

愛不是犧牲自己，而是為了滿足自己。當你為的是自己的快樂而做，自願付出而無所求，就不會覺得犧牲，即使做得很疲憊，仍然滿懷歡喜，你就會體會「真愛不求回報」。因為在那個愛的行動裡，讓你體驗到生命的光彩，讓你看到自己存在的價值和意義，這已是最好的回報。

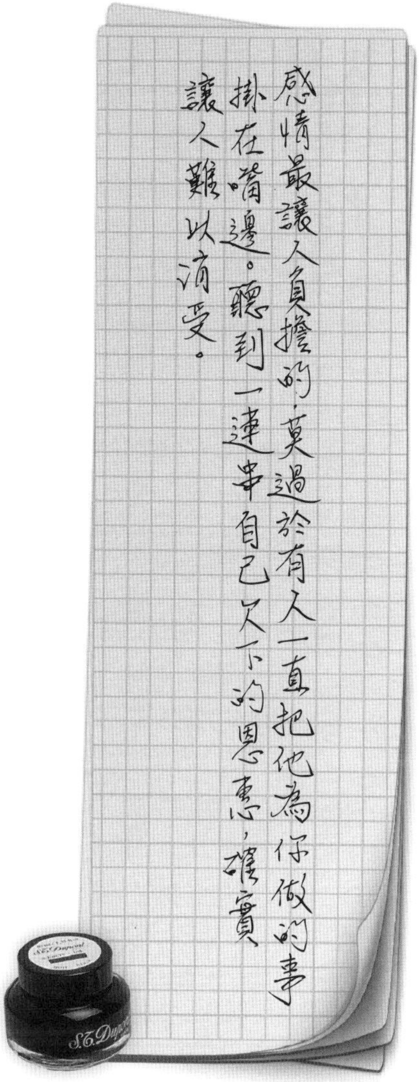
感情最讓人負擔的，莫過於有人一直把他為你做的事
掛在嘴邊。聽到一連串自己欠下的恩惠，確實
讓人難以消受。

關係

人只有改變內心，才能改變外在人生。
——威廉·詹姆斯

顯露本性的鏡子

我們每一個人都處在關係當中，藉著關係，我們一再遇見自己。這是因為我們在關係裡的經驗會不斷觸發情緒，向我們顯示：我們的痛苦、焦慮、恐懼、矛盾、妒嫉、衝突、孤獨，以及人格的黑暗面。

我們在感情中所遭遇的問題，就是我們內在的問題。如果你不斷與自己內在衝突，那麼在關係中也會不斷與別人衝突；如果你內心有很多憤恨不平，關係也會爭鬧不休。那就是為什麼說關係是一面鏡子。

你需要某人來讓你生氣。除非你瘋了，否則當你單獨的時候，你一定無法生氣，憤怒在你裡面，但是你沒有辦法發出來。然而透過關係，你很容易就能把裡面的東西引發出來。

尤其在婚姻裡，一個人完全顯露，你可以看到自己所有的毛病和缺點。沒有人能像你的親密伴侶一樣，知道如何觸及你的「痛處」，輕易就把你激怒，讓你變得暴躁失控。

在每一個衝突，對方讓你看到真實的自己，我也是這樣，透過對方來認識自己，並藉由這歷程學到慈愛、接納、放下、寬恕和無我。不論是什麼樣的改變，我們的關係都在改變我們。

有時候，彼此會一起分享生命之愛；有時候，彼此都成了眼中釘。他們會有意無意地挑戰我們的極限，刺痛我們的傷口，我們所以進入彼此的人生，就是為了幫助彼此看見自己最待治癒的部分，最需要突破的牆。每個情感的蛻變都會使我們更接近完整的自己。這正是關係的目的。

所以，當有人問我要如何改善關係，我總會告訴他們：「首先你要深入內在，除非你內在的問題先解決。」

一個有控制欲的人，除非放下內心的恐懼，否則就不可能放鬆；一個滿懷怨恨的人，除非內在憤懣得到釋懷，就不可能停止怨懟；一個愛嫉妒的人，除非能找到自信，就不可能停止嫉妒。如果你想改善外在的一切，就必須從改變內在開始。

當伴侶們沒有了愛而彼此傷害，我不會告訴他們要如何努力愛對方，而是要求他們先學會愛自己。只有自己過得好的人，才有能力去祝福另一個人。教伴侶如何和諧相處，不如讓自己內心和諧，那樣才可能與人和諧相處。

大多數人想改善關係，所用的方法都是企圖改變別人，他們不喜歡在關係的明鏡上看到自己的「德性」，因此努力拭擦鏡面，甚至打破鏡子，但這樣就能改變自己的長相嗎？當然不能。除非你已經把一件最根本的問題處理好——你自己。

關係出問題永遠要檢討自己，在別人身上找問題是搞錯了方向。

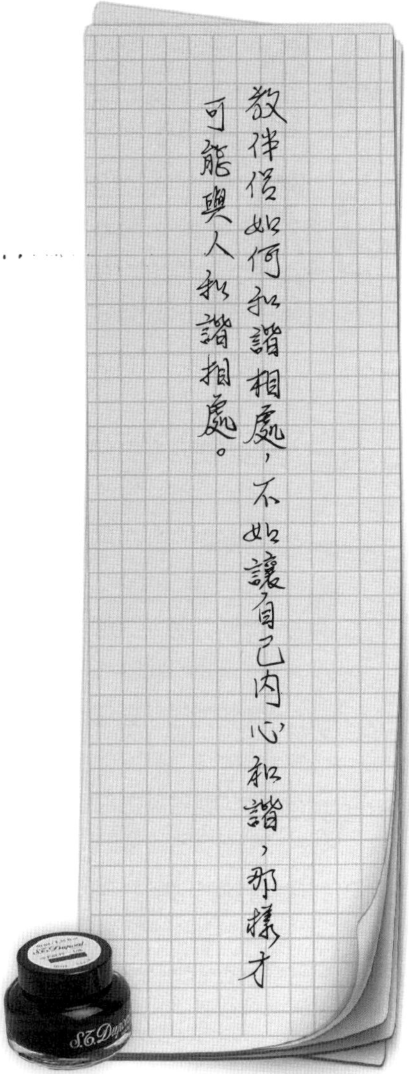
教伴侶如何和諧相處，不如讓自己內心和諧，那樣才可能與人和諧相處。

婚姻

婚前要睜大雙眼，婚後要閉上一隻眼睛。

——富蘭克林

接受對方不完美

愛是「盲目」的，因為人在選擇對象時，看的都是對方的優點，而忘了看缺點，但是缺點才是兩人在一起是否和諧圓滿的關鍵，不是嗎？

有人說：選擇你所愛的，愛你所選擇的。困難並不在於選擇及愛這兩件事，而是選來選去，選到以後才覺得不合乎心意；愛來愛去，愛到最後還搞不清楚愛什麼？

相愛容易相處難。愛情的美好，是和對方的優點談戀愛；婚姻的難處，在於必須和對方的缺點生活在一起。與心愛的人結為連理後，從此過著幸福快樂的生活，只是童話故事的情節。讓一對愛侶能白頭偕老，除了找到「對的人」以外，還需要學習很多。最重要的是愛一朵玫瑰花，還要一併愛她的刺。

柏拉圖有一天問蘇格拉底：「什麼是愛情？」

蘇格拉底沒有回答這個問題，反而叫他到麥田走一趟，指示他去挑一棵最大、最好的麥穗，但只可往前走，不可回頭。

柏拉圖心想這太容易，於是就去了。

過了大半天，他居然兩手空空的出現在老師面前，於是蘇格拉底就問他原因。

他說，因為心想一定要挑一棵最好的，於是當他看到還不錯的麥穗時，總想著應該還有更好的，走到盡頭才赫然發現，手上連一棵麥穗也沒有！

蘇格拉底告訴他：「這就是愛情。」

有一天柏拉圖又問蘇格拉底：「什麼是婚姻？」

蘇格拉底叫他再去麥田走一趟，挑一棵最大、最好的麥穗，照舊也不可回頭。結果當他回來後，帶著一棵看起來還算挺拔，卻有點枯萎的麥穗，蘇格拉底就問他：「難道這就是你所挑最好的麥穗？」

他回答，他一路走去，看到好的不願意拔，心想應該還有更好的，但走到一半時想起上次的教訓，發現這株還不錯就先拔了，又擔心之後的路途沒有更好的，所以不管是不是最好的就帶回來了。

蘇格拉底說：「對了，這就是婚姻。」

這世上永遠會有更好的對象出現，然而，當決定結婚時，明知極可能有更好的人出現，但是此地此時此生，我就是選擇了你。正所謂：「弱水三千，只取一瓢飲。」這才是婚姻的真諦。

愛並不是不顧缺點，而是即使有缺點仍擁抱他們。引自男影星羅賓・威廉斯的話：「她不完美，你不完美。問題在於，你們二人對彼此來說是否都最完美。」這才是重點。婚姻不在於我們有多麼合得來，而是如何處理彼此間不合之處。學習接受另一個人的不完美，讓自己變得更完美，這就是最美好的婚姻。

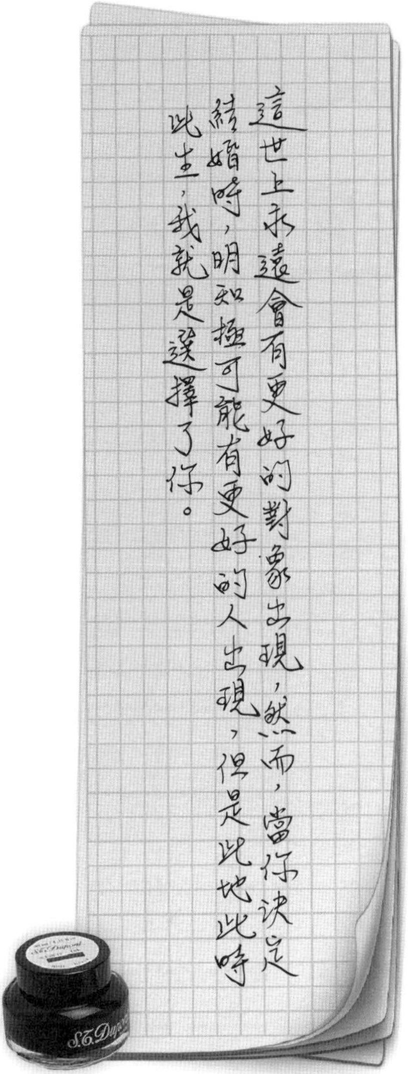
這世上永遠會有更好的對象出現，然而，當你決定
結婚時，明知極可能有更好的人出現，但是此地此時
此生，我就是選擇了你。

讓關係歷久不衰

曾有人問我，「什麼樣的人適合當終身伴侶？」

我說：「適合做一輩子朋友的人。」

又問：「有什麼方法可以讓關係歷久不衰？」

「友誼，」我說：「把對方當成最好的朋友。」

「光是友誼，卻沒有吸引力，關係能維持嗎？」

「如果連朋友都不是，關係才更難維持，不是嗎？」

友誼

幸福的婚姻，友誼必須與愛情融合在一起。

——法國作家莫洛亞

近代才女周練霞的名句：「但得兩心相照，無燈年月何妨？」有位學生結婚時，我便以此短詩寫在書上，當作祝福新人的禮物。婚後數日，一對璧人特來登門求教。

「老師的禮很特別，又有學問；可是我們不大能體會其中含義，能不能請您解釋呢？」

「簡單地說，就是希望你們不僅結為夫妻，更要成為好朋友。因為，愛情雖燦爛炫目，卻很容易消逝褪色，而友誼卻愈見濃郁，歷久彌新。」

德國哲學家尼采說過：「婚姻不幸福，不是因為缺乏愛，而是因為缺乏友誼。」

這是真的，凡是能夠長期相處的夫妻，你問他們何以如此，大多數的說法，都是把對方看成「世界上最好的朋友」。

人們花時間在找尋對象，如果換個方式，先去建立友誼，就會發現，愛的關係也隨之出現。人們花心思尋求美好關係，其實只要把對方視為最好的朋友，關係自然美好。

你怎麼對待最好的朋友？又是怎樣對待你的伴侶？想想看，也許你會有所領悟。

083 友誼

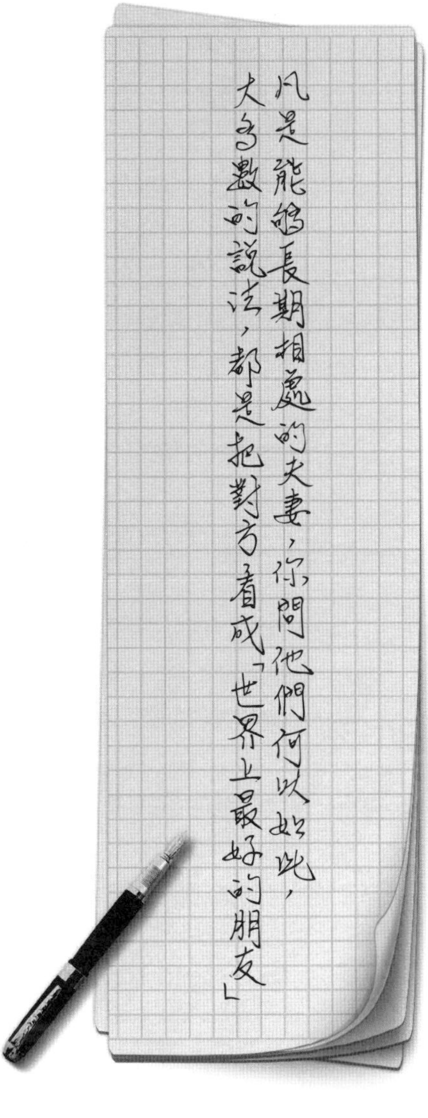
凡是能夠長期相處的夫妻，你問他們何以如此，
大多數的說法，都是把對方看成「世界上最好的朋友」

怕別人看不起

虛榮

愛好虛榮的人，用富麗的外衣遮掩醜陋的內衣。
——莎士比亞

什麼是虛榮？看看大家對外貌、服飾、化妝品、手提包、新手機、名車或豪宅……的追求，就不難理解了。那神經質般的執迷，只為得到讚美，哪怕「打腫臉充胖子」；只為別人投來羨慕的眼光，即使付不起，也要想辦法去買。

美國傳奇牛仔和演員威爾．羅傑斯調侃說：「太多人花掉他們沒有賺到的錢，去買他們不需要的東西，去跟他們不喜歡的人炫耀。」

我認識一對夫妻，他們各自坐擁高薪，擁有舒適的家和兩部車。幾年下來，累積不少積蓄。

有天他們經過一個豪宅區，每戶都有電梯和花園。他們想：「要是能擁有這夢想中的房子，親友不知會多羨慕。」於是，他們就買了一棟。

住進去不久，他們很快就發現鄰居出入都開著名車，身上穿的都是名牌服飾。鄰居的朋友也開著名車，從頭到腳都是品牌。所以，這對夫妻給自己買了全新昂貴的車子和衣服。可是，不管他們花多少錢，都覺得比不上鄰居。

這壓力終於造成這對夫妻之間的問題。他們必須加班才能夠支付開銷。他們為了錢爭吵，對彼此感到生氣和挫折，還鬧到想離婚。

這對夫妻給我的領悟是，不要拿別人的生活方式來衡量自己的生活，因為這樣做絕對沒有意義。縱使他們已經很有錢，還是有人比他們更有錢，過得比他們豪華。這種追求是無止境的。如果我們硬要追求自己負擔不起的東西，只會讓自己變得不快樂，甚至變得不幸。

有道是：山外青山樓外樓，比來比去何日休？

年輕的時候我們忙著打工買摩托車，之後存錢貸款買了國產車，然後羨慕別人呼嘯而過的進口車……只要留意看你自己，你的欲望一直在駕馭你。看看你櫃子裡的衣服、包包、鞋子，你可能覺得還缺了些什麼。但比起你在學生時代所擁有的，現在已經多出很多了。為什麼還不滿足？

是虛榮心，對嗎？虛榮說穿了就是心虛。表面上追求面子，深層心理其實是怕被別人看不起，往往越沒錢的人越愛裝闊，形成一個跳不出貧窮的惡性循環。

這些年你有沒有發現，你的快樂越來越少，這並不是因為你缺少什麼，而是你想要的東西越來越多，情況就是這樣。你越去跟別人比，就越不快樂。這就是虛榮。

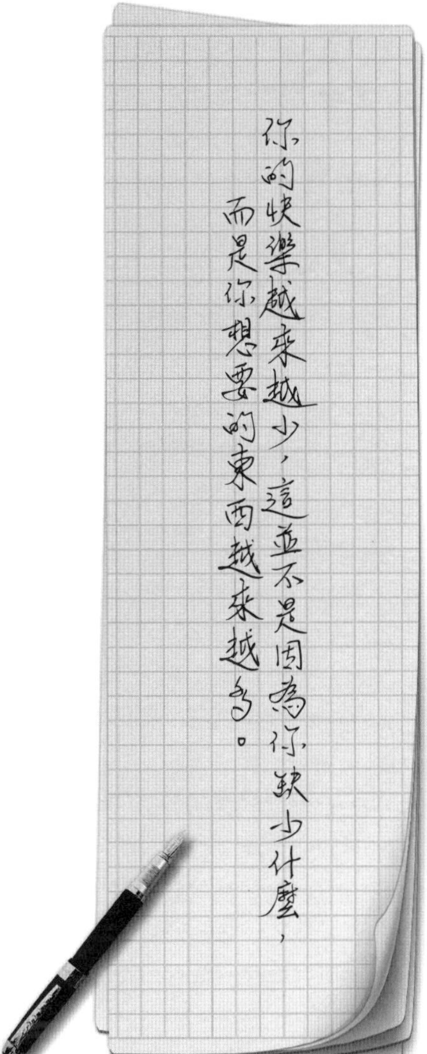
你的快樂越來越少，這並不是因為你缺少什麼，
而是你想要的東西越來越多。

簡單點，簡單點！

本質

過簡樸生活很難，但替代方式更困難。

——理查．弗斯特

現代人之所以煩惱多，是有原因的。我們生活的重心都放在形式，而不是本質上。

什麼是本質？以生活來說，食、衣、住、行等基本需求是本質，超過基本需求外的都是形式。比方我們在意自己擔任什麼職位、開什麼車子、住什麼地段、吃哪家餐廳，用什麼品牌……。多少人都本末倒置了，當我們汲汲把生活包裝得更美麗耀眼時，無非是希望生活過得更好，卻沒想到若能少爭一點、少求一點，日子可能過得更好。

某天，幾個同學去拜訪大學時的老師。老師問他們生活過得怎麼樣。結果學生紛紛大吐苦水：工作壓力大呀，生意難做呀，仕途受阻呀，生活煩悶多呀……

老師笑而不語，從房間拿出許多杯子。這些杯子各式各樣，有磁器的，有玻璃的，有塑膠的，有的杯子看起來高貴典雅，有的看起來粗陋低廉……老師說：「都是我的學生，我就不把你們當客人了，你們要是渴了，就自己倒水喝吧。」

大家說得已經口乾舌燥了，便紛紛拿了自己中意的杯子倒水喝。等大家手裡都端了一只杯子時，老師講話了，他指著茶几上剩下的杯子說：「大家有沒有發現，你們挑選的杯子都是最好看，最別緻的杯子，而像這些塑膠杯就沒有人會選中它。」大家並不覺得奇怪，誰不希望手裡拿著的是一個好看的杯子呢？

老師繼續說：「這就是你們煩惱的根源。大家需要的是水，而不是杯子，但我們有意無意地會去選用好的杯子，這就如我們的生活——如果生活是水的話，那麼工作、金錢、地位這些東西就是杯子，它們只是我們來盛起生活之水的工具。

杯子的好壞，並不能影響水的品質，如果將心思花在杯子上，你哪有心情去品嚐水的甘甜？」

人們買了許多不同廠牌和風格的杯子，不論它們有多名貴，多精緻，如果我們忘了裡面的茶，杯子就失去意義。

美國作家梭羅最膾炙人口的作品《湖濱散記》，其中有句話：「簡單點，簡單點！」他發現當生活上的需要簡化到最低程度時，生活反而更充實。因為他已經毋需為了滿足那些不必要的欲望而使心神分散了。

你是否也發現，那些生活簡單的人過得都比較快樂。他們擁有的不是「物質」上的，而是「本質」上的。豐美富足人生，並不在於外在擁有什麼，而是要了解自己真正的需要，才不會這個也要，那個也要，變成物質的奴隸。

看到小朋友只是拿著氣球，就可以很快樂的到處奔跑，原來快樂可以很簡單……回歸本質。當生活簡簡單單，需求簡簡單單，煩惱自然也簡簡單單。

看你有什麼欲求

貧窮的由來是因為不滿足。不管你是誰，只要你處於不滿的心態，貧窮就產生了。比方，你騎一輛機車，但是你卻渴望有部汽車，你就會覺得自己窮，對嗎？

沒錯，騎機車並不算窮，但是當你渴望汽車就是一個窮人。你的貧窮並不是因為別人擁有汽車而你沒有，你的貧窮是因為你的心，是你的心創造出對欲望的渴求，使你覺得自己匱乏，所以你是貧窮的。

貧富

誰富有？樂天知命的人。

——塔木德經

什麼是富有？富有與金錢無關，關鍵要看「你有些什麼樣的欲求」。

有人覺得富有是擁有一部賓士車，另一個人卻認為是要買一架私人飛機才算，富有的定義相當主觀。

每年著名的商業雜誌《富比士》都會公布富豪名單，名列第七百名富豪的財富，少說也有十位數美元，那真是很大的一筆財富。但你認為當他看見自己的名字排列第七百名時，會覺得自己富有嗎？如果他看著名單，說：「哇，我什麼時候才能排進前十名。」會不會覺得自己窮？

反過來，如果我們認定的富有，是看在自己所擁有的資產，像有和諧美滿的家庭、有理想目標、有好友相伴、有健康的身體、有分享的能力……。要變得「富有」其實不難。

曾讀到一則文章：一位叔叔帶著姪子到某腫瘤科醫院看眼疾，由於手術費太高，無力承擔，只好沿街乞討。某報記者獲知後，就他們的處境寫了篇報導刊發在報上，呼籲社會各界給他們幫助。

沒想到的是，這篇報導刊出隔天，就有許多人來報社捐款。更沒想到的是，竟有一個失業工人，領著自己殘疾的兒子來捐款。報社記者採訪這位失業工人，問他：「為何在自己如此窘迫的情況下，還要去救助別人？」

他說了一句發人深省的話：「窮人再拿出一點來，還是窮人，這是不會改變的。不同的是，當我看到被救助的人眉頭舒展開的那一刻，我感覺到了自己內心的富有。」

一個富豪，即使家財萬貫，整天汲汲營營為了財富未能達到他的標準而煩惱；一個身無分文的孩子，即使是一片土司，也可以分享給飛來的小鳥和游來的小魚。這兩個人之中，誰富有呢？

真正的富有，不在於我們擁有很多，而在於給出多少。富有，不一定要擁有傲人的財富，而在是否擁有一顆滿足的心。富有，不是帳戶上的數字，而是在臉上的笑容。

所以，別再一天到晚想要這想要那了。試想，你每天想著自己沒有的，怎麼可能覺得富有？當你不老去想欠缺的，又怎麼會覺得自己貧窮？

貧富是由欲求多寡而定，但幸福卻是自己可以決定，就讓幸福成為「富有」的標準。畢竟，有錢的人未必是幸福的，但是，卻沒有一個幸福的人是貧窮的，不是嗎？

只要你去跟人比

自卑

人應該謙遜，但不能自卑。

——作家桃樂絲．卡內基

你是否發現，我們每天都會碰到一些事情，這些事會悄悄奪走我們的自尊。拿起一本雜誌，你就會看到，有些人看起來比你漂亮、比你健壯、比你穿得講究。看看你身邊，總有人比你聰明、比你能幹、比你有才華、家境比你好。事實上，不管你是誰，擁有什麼，有多少能力，總有人在某方面勝過你。只要你去跟人比，就或多或少會有自卑感。

有位讀者寫信問：我覺得自己笨，不聰明，我有一些朋友，他們口齒伶俐，反應快。我要如何讓自己跟他們一樣？

我說：問題不在你是否像別人一樣聰明機智。我也不如我的同事聰明，不如他們口齒伶俐。重要的是有許多事情是別人擅長，而你不擅長。也有不少事情是別人不行，你行的。

就拿寫作來說，我很羨慕小說家，我有位朋友寫的小說還被拍成電影，我當然希望自己能像他一樣，但我必須對自己誠實，他的書不是我會寫的類型。但這不代表我就不該寫。

想想，難道你必須先知道你的畫會是「最美」的畫，你才能拿起畫筆開始作畫？難道它不能只是另一幅畫，或是另一種美的表達嗎？

同樣的，我們每個人都有自己獨特的天賦，一人可以是擅長家事的主婦，另一人可以是傑出的管理者，再一人可以是敏銳的分析師或想像力豐富的小說家。我們應該向內探索，了解自己是什麼，而不是別人會什麼。

在人生的道路上。每個人走的是不同路，根本沒有誰比不上誰的問題，你是你，而他是他，你們是不相同的，既是不同又如何比較？

某天，有位學者去見一位智者。這位學者非常有名，但是，當他跟智者談過話之後，他突然覺得自己很卑微。

他感到不解：「為什麼我會覺得自己卑微不如人？在來你這裡之前，我原本非常有自信，為什麼現在我會覺得比起你，我實在微不足道呢？」

由於整天都有很多人來求教智者，他說：「這樣吧！等其他人都離開了，我再回答你。」

到了晚上，所有人都走了，學者便說：「現在你可以回答了嗎？」

「我們到外面來。」那是一個滿月的夜晚，月亮皎潔明亮。

智者說：「你注意看那些樹，這棵樹直入雲霄，但是它旁邊這一棵很小，它們在我的屋旁已經很多年了，從來沒有問題，那棵小樹不會對大樹說：『為什麼我在你的面前會覺得比較卑微？』這棵樹很小，那棵樹很大，為什麼它們如此自在？」

那位學者說：「因為它們不會比較。」

大師回答：「那麼你不需要問我，你已經知道答案了。」

俄國作家契訶夫比喻得妙：「有大狗，也有小狗。小狗不該因為大狗的存在而心慌意亂。所有的狗都應當叫，就讓牠們各自用自己的聲音叫好了。」你就是你自己，當你不再去比，何來自卑呢？

不再緊張不安

無求

人到無求，品自高。
——明代陳獻章

「面對我家老闆，我說話會緊張，我甚至怕看到我家老闆，我跟其他同事說話都沒有這樣子，為什麼面對我家老闆會這樣？」一位讀者問。

這問題得問你自己。當你面對一個小孩、一個工人或比你低下的人，你可以輕鬆自在。可是當你面對帥哥美女，你的老師、客戶、老闆或一個大人物，你會感到緊張，為什麼？

是不是你想從他們身上得到某些東西，也許是認可、也許是某些實質利益或者是他們的關注或讚賞，你會想「我要怎麼表現才得宜，要怎樣才會讓他留下好印象。」你會顧慮：「這筆生意是否成交，對方會不會喜歡我。」緊張焦慮即是隨著欲求而開始的，不是嗎？

因此，去了解當你和某人在一起的時候，你心中在想什麼是很重要的。某人官大，但你不做官，官大不關你的事；某人有錢有勢，如果你不羨慕，不管別人覺得他有多麼崇高，對你來說也沒什麼了不起。

有位富翁十分有錢，但卻得不到旁人的尊重，他為此苦惱不已，每日尋思如何才能得到眾人的敬仰。

某天在街上散步時，他看到街邊一個衣衫襤褸的乞丐，心想機會來了，便在乞丐的破碗中丟下一枚亮晶晶的金幣。

誰知乞丐頭也不抬地仍是忙著捉蝨子，富翁不由生氣：「你眼睛瞎了？沒看到我給你的是金幣嗎？」

乞丐仍是不看他一眼，答道：「不給是你的事，不高興可以要回去。」

富翁大怒，意氣用事起來，又丟了十枚金幣在乞丐的碗中，心想他這次一定會趴著向自己道謝。卻不料乞丐仍是不理不睬。

富翁幾乎要跳了起來：「我給你十枚金幣，你看清楚，我是有錢人，好歹你也尊重我一下，道個謝你都不會。」

乞丐懶洋洋地回答：「有錢是你的事，尊不尊重你則是我的事，這是強求不來的。」

富翁急了：「那麼，我將我的財產的一半送給你，能不能請你尊重我呢？」

乞丐翻著一雙白眼看他：「給我一半財產，那我不是和你一樣有錢了嗎？為什麼要我尊重你。」

富翁更急起來道：「好，我將所有的財產都給你，這下你可願意尊重我了？」

乞丐大笑：「你將財產都給我，那你就成了乞丐，而我成了富翁，我憑什麼尊重你。」

正所謂「無欲則剛」，我發覺，不論是感情或關係，愈無求的人就擁有愈大自主權。當你很在意別人，就容易患得患失；當你不在乎，別人反而在意你。

在擔任演講者時，我會特別留意自己感到緊張的時刻。這表示我很在乎、擔心自己的表現。此時，我會提醒自己我的任務是來幫助大家，而不是表現自己，內心頓時如釋重負。

想一想，如果你的動機純正，沒有任何私心，內心是否變得坦蕩？當你對人無所求，又怎麼會緊張不安？

吃力不討好

討好

做人，不能違背自己的心意。
——畢卡索

是的，有人不喜歡你，但那又怎麼樣？

你不可能討好所有人。

如果你溫柔有人會說你軟弱，你剛強有人會說你自以為是，你隨和別人說你沒主見，如果你堅持己見，別人又會說你太霸道，如果你試著退讓別人又說你很假，懷疑你有什麼目的。不管你做什麼別人都會有意見，有時更慘的是，如果你這樣做，就會被罵，但同時如果你不是這樣做，也會被罵。

記得有位作家是這麼說的：「我不知道成功的祕訣是什麼，卻知道失敗的祕訣，那就是：『滿腦子只想討好每一個人』。」我完全同意。

我們都有被人贊同的強烈渴望，也都希望在他人面前留下美好印象。可是你知道嗎？當你花太多時間去迎合別人、取悅別人，按照別人的意願改變自己，那麼，你是什麼，你就成了別人操縱下的傀儡。

幾個朋友決定要去唱KTV，凱蒂其實不想去，但朋友一再慫恿。才剛踏進KTV，凱蒂立刻知道自己錯了。朋友開心地點歌，她卻坐在一旁發愣。朋友想拉她一起吃喝歡唱，她都沒興趣。回到家後她懊悔沒有聽從內心的聲音，任由朋友擺布。

如果你不拿回生命的主控權，別人就會代勞，把你帶往你不想去的方向。不只如此，自我犧牲，讓人以為自己是可以被犧牲，最後把自己犧牲掉。

實話實說，不行就不行，不想就不想，千萬不要為了討好而答應。如果對方因此生氣苦惱，要明白，他這樣並非出於愛或情誼；這個人想要操控你。你不必感到罪惡，因為這個人正在利用你得到他要的。

這並不表示我們就不應該對人友善。願意對別人好，並不等同於刻意討好別人，這兩者的界線是：自己原則的底限。

我們做任何事都應該聽聽內心的感受，問自己：「這是不是我心甘情願的呢？有沒有一絲一毫的勉強？」「我是在為自己、為我的喜悅做這件事嗎？或是我只是為了取悅他人？」

我經常想到自己一路走來所碰到的反對者，所以每當我給年輕人一些個人的意見時，我總會告訴他們：別把那些批評反對，太放在心上。因為你再用心，也無法盡如人意。在說話時，自己的牙齒都會咬到舌頭，更何況是長在別人嘴裡。

你的人生不是去迎合別人的舌頭，沒有必要浪費唇舌反覆向不信任你的人解釋。喜歡你的人，不用討好，自然會被你吸引靠過來。而不喜歡你的人就算你去討好，還是不喜歡你。就算他喜歡你，你也不喜歡這樣的自己，何必？

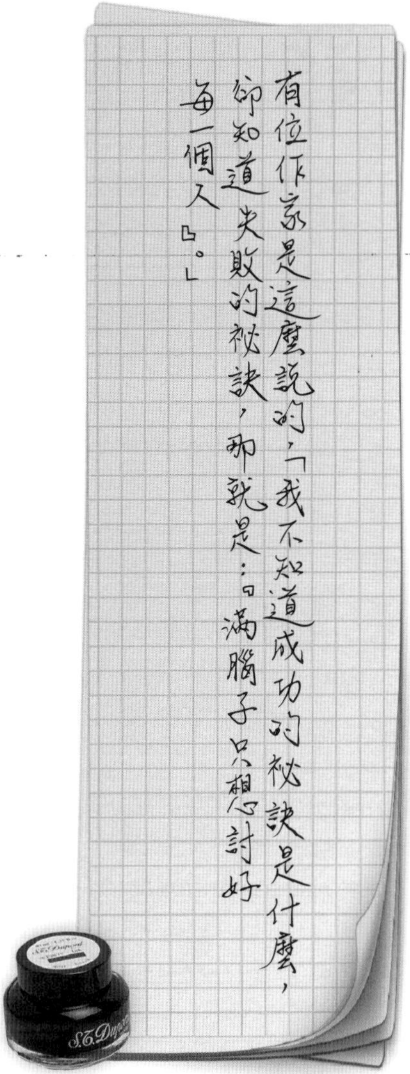
有位作家是這麼說的：「我不知道成功的祕訣是什麼，
卻知道失敗的祕訣，那就是：『滿腦子只想討好
每一個人』。」

這不是你的錯

罪疚

往者不可諫，來者猶可追。

——《論語．微子》

參加朋友父親的告別式，談起過世的父親，他一直無法釋懷：「當時，醫師給了很多建議，大部分是要我們做各種積極治療，我們掙扎許久，最後還是決定，再試試看，做最後的努力。結果，不僅沒有挽回父親的生命，還使他所剩不多的日子受盡折磨，又開刀、又是化療、又是插管子……現在回想起來，真的很後悔，很不忍心……」

每個人或多或少都曾為某些事感到後悔，有人自責做錯了決定，才會造成這種結果；有的懊悔自己發現太晚，事情才會不可挽回；有的內疚自己對家人、對孩子疏於照料；有人則為自己所犯的錯，久久無法釋懷。

某教區有兩位年長女性在同一個星期內去世，教士分別去探訪兩家親屬。在第一個家庭，死者兒子說：「我覺得母親過世是我的錯。我應該堅持送她去醫院，才不致延誤病情。我堅持的話，她今天一定還活著。」

之後教士去第二家慰問。那一家的兒子也說：「我覺得母親去世是我的錯，要是我沒有堅持她該去醫院就好了。一連串的檢查、治療，環境又無法適應，她吃不消。」

就像朋友的父親，如果當初不救治真的就不會後悔嗎？不，如果不治療，哪天病況惡化或死亡，他們又會後悔當初做錯了決定。

人們總內疚說：「我真的不應該這麼做。」但是親愛的朋友，如果真的知道：「我應該那麼做」，你就不會那麼做。

有一個學妹的姐姐，因憂鬱症自殺。她感到愧疚：「我為什麼沒有看緊點？沒有離她近一點？我怎麼會沒想到呢？」

「請別自責。」聽完她的哭訴，我只能安慰她。

她沒責任感嗎？正好相反，人就是有責任感，才會覺得自責和愧疚。當我們覺得他人的受苦與不幸，自己有責任減緩或改變，然而卻無能為力，因此才產生罪惡感。換言之，愈是容易罪疚的人，反而愈不需要。

我之所以會這麼說就是希望大家放下愧疚感！活在罪惡感裡就是活在監獄。一個人可以因為十年前的錯誤而整整後悔十年，但除了自我折磨，其他有何意義？你終究無法回頭。沒有人能在事情發生之前，就知道結果。既然不知道，我們能怎麼樣？

放過自己吧！這不是你的錯。你創造了它，現在你必須丟掉它。走出牢獄，外面晴空萬里。

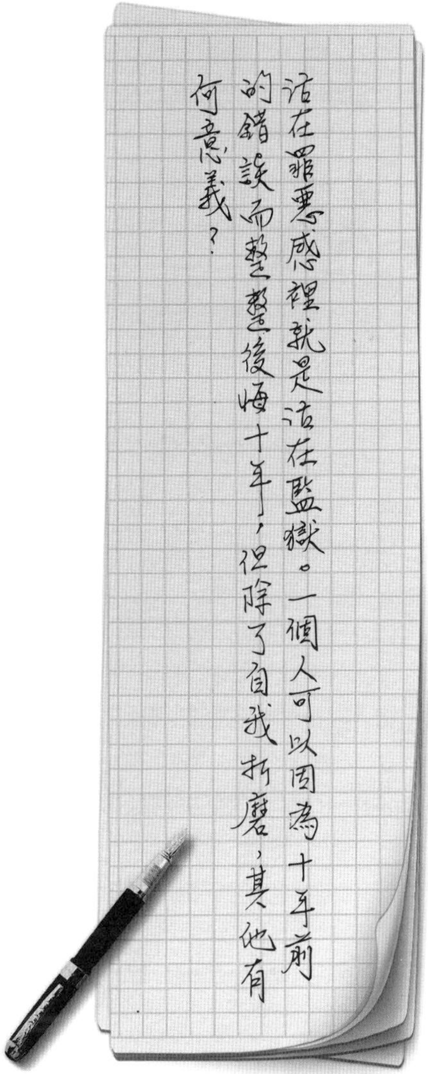
活在罪惡感裡就是活在監獄。一個人可以因為十年前
的錯誤而整整後悔十年，但除了自我折磨，其他有
何意義？

永遠不會後悔

單純

沒有單純、善良和真實
就沒有偉大。
——托爾斯泰

我很容易相信人，沒有心機，為人很單純，但又改不了，不知如何是好？

被同學說太單純，真怕以後出社會被騙該怎麼辦？

心太好，太為別人想，是種缺陷嗎？

這類問題曾一再被提問到，「單純不好嗎？」

單純是好的，即使表面看起來不怎麼好。我是這麼認為：雖然單純容易吃虧上當，但單純讓生活變得簡單；與人容易交心，交到的朋友都是真心居多。我們常看到「禪」這個字，左邊是表示的

「示」，右邊是單純的「單」，合起來「禪」這個字就是單純的意思。反之，一旦失去了「純真」的本性取而代之的就是欺騙和虛偽、自私和貪婪。

人們總認為：太單純的人會被騙，會受傷害，這也未必。讓我用這則故事來說明。

阿根廷著名的高爾夫球手羅伯特．德．文森多是一位出了名的好心人。

有一次，他剛剛在一場錦標賽中獲得了冠軍。當他來到停車場的時候，一個年輕女子向他走來。她向羅伯特表示祝賀後，便訴說她可憐的孩子病得快要死去了，而她卻無法支付昂貴的醫藥和住院費。

羅伯特被她的話語深深打動，立刻掏出筆在剛贏得的支票上簽了名，然後遞給那個女子。

「這是我參加這次比賽的獎金，請妳收下！願可憐的孩子幸運。」羅伯特說道。

一個星期後，羅伯特正在一家鄉村俱樂部吃午餐，一位職業高爾夫聯盟的官員向他走過來，問他一週前是不是遇到一位自稱孩子病得很重的年輕女子。

羅伯特點了點頭。官員說：「那個女子是個騙子，她根本就沒有什麼病得很重的孩子，她甚至還沒有結婚哩！我的朋友，你被騙了！」

「你是說根本就沒有一個小孩子病得快死了？」

「根本就沒有。」官員答道。

羅伯特鬆了一口氣說：「這真是我這星期以來所聽到最好的消息。」

這就是「單純」，當你是單純的，永遠不會感到後悔，也不覺得受傷害。

曾有感情受傷的女孩問我：「我是否太單純，才會愛得那麼辛苦？」

我說：「如果妳的愛是單純的，顯示出來的就是單純的快樂；然後，妳有了期待，顯示出來的就是期待；當期待落空妳挫折、失望，顯示出來的就是憤怒、怨恨；……如果妳的愛為妳帶來的是不滿、是怨懟、是憤恨，是一再受傷害，那就表示妳的愛還不夠單純。」

有人說：「好人到頭來總是輸。」這完全不對。不論結果如何，好人一開始就贏了。好人不但活得心安理得，更贏得人心。

倘若你單純的待人，很可能會遭人利用或陰你一把。但是，無論如何，你應該高興自己有一顆比別人純真的心，這是你最可貴的地方。

擔憂

憂慮令小小物體投射出巨大陰影。

——瑞典諺語

沒事的時候，你擔憂有什麼不幸的事將要發生，有時鴻運當頭又擔心好景不常；找不到工作時擔憂，然後又為所得到的工作擔憂；擔心做不好、擔心無法升遷、擔心失業，擔心太勞累，擔心完之後又擔心起小孩，要不要補習，過敏會不會愈來愈嚴重，擔心孩子沒有群體生活經驗，於是報名夏令營，然後又擔心裡面的指導員是否會照顧他。擔心不在身邊看著，他可能會從樹上跌落而摔斷腿，或者翻落到湖裡——天啊！愈想愈擔心。

幽默作家維爾．羅傑斯說得傳神，他說：「擔憂就像搖椅，讓你有事做，卻做不成什麼事。」你擔心東、擔心西，似乎忙得要命，然後有做出什麼嗎？

我從不擔心，因為擔心也沒有用。

關心是需要的，但擔心卻沒必要。因為大多數擔心的事都不會發生，即使發生了，擔憂並不會造成任何的影響或改變。

回想一下你曾擔心過的事，比方擔心考試成績，擔心身材高矮胖瘦，擔心身體健康，擔心會不會下雨，擔心錢不夠用……結果曾因你的擔心而有改變嗎？

這是不可能的。你怎麼可能藉由擔心緊張讓成績或身材變好？怎麼可能焦慮不安能變出錢或變好天氣？怎麼可能透過憂愁煩惱讓病情轉好？擔憂並不會幫你解決一個問題，甚至還可能讓問題變糟。

話說商人比爾得了失眠症，醫生建議他：「你可以晚上躺在床上閉上眼睛，然後數羊，不用數到兩千隻，你就睡著了。」

過了幾天，比爾更加憔悴地來了，他說：「我一數羊，更加睡不著了。」

醫生奇怪了：「你照著做了嗎？」

「當然做了。」比爾說：「我剛剛數到一千，就想，我如果有那麼多的羊，可以做上萬件的大衣。突然問題來了，有那麼多大衣要怎麼賣？萬一賣不出去怎麼辦？我愈想愈擔心——天哪，我哪裡還睡得著呢！」

你的人生處境也許充滿問題，但是找找看當下這一刻有沒有任何問題。不是下星期或一小時以後，而是現在。你在這一刻有任何問題嗎？

你或許內心正在憂慮未來可能發生的事，或擔心過去發生的事會捲土重來。但你擔憂的這些都是未知，現在這一刻你有問題嗎？

把心放在當下這一刻，全然專注眼前正在做的事，你就不可能擔憂。

引用達賴喇嘛說的話：「與其擔心問題，不如去尋找解決問題的方法。相對的，如果問題解決不了，也找不出方法，那麼也根本不需要擔憂，因為你再擔心也一樣於事無補呀！」沒錯，擔心永遠是多餘的。

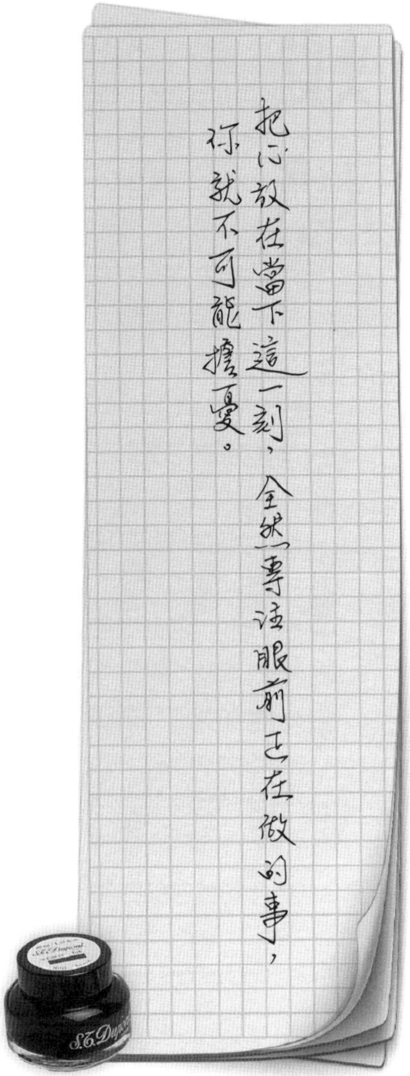
把心放在當下這一刻，全然專注眼前正在做的事，
你就不可能擔憂。

問題還是同樣問題

煩惱

慈悲沒有敵人，智慧不起煩惱。
——聖嚴法師

人常為錢煩惱，當沒錢時煩惱，但有錢人也煩惱，為什麼？許多人為情所苦，沒人愛時苦惱，當愛上了也苦惱，大家到底在煩惱什麼？

其實，煩惱之所以讓人苦惱，並不在煩惱本身，而是人們看不清，到底這些煩惱是怎麼來的。很多人覺得煩惱是外在的一切不如意所造成的，但外物外境不一定煩惱人。比方，外面車聲很大，有人因此而生煩惱，為了解決此聲音，於家裡裝氣密窗，加強隔音，把耳朵塞住，甚至搬家。但同住在一起或附近的人並不覺得吵，也就沒有這種煩惱，可見煩惱是在自己內心。

小時候家住鄉下，廁所設在屋外，每到天黑就開始煩惱，怕出門上廁所。白天和黑夜其實無異，為什麼夜晚走在路上會怕，這煩惱是從何而來？是自己想出來的，對嗎？

我聽說，從前密勒日巴尊者在山洞裡閉關的時候，他的面前有塊石頭，他一直感覺石頭上有個魔，當閉關結束時，魔真的從石頭中顯出來讓他看見。

尊者問：「你是什麼魔？」

魔說：「是你的心做出來的魔！我本來不存在，因為你每天認為我存在，我就出現讓你看到。」

沒錯，「萬物唯心造」。人們想去除煩惱。其實，「煩惱」不是要把它拿掉的東西，而是看清它是「不存在」的。嬰兒單獨睡覺，即使房間再大，光線再暗，位置再偏遠，也不需要有人陪伴，因為心中沒有鬼，所以不怕鬼。

當你沒有想到鬼的時候，你會害怕嗎？當你沒有想到任何事的時候，你會生起任何煩惱嗎？

我在煩惱，還是煩惱在我？想想看。

當你聽到車聲很吵，是它真的開過來吵你，還是你的心在吵？是誰吵誰？

當你為長相、身材煩惱，可曾想過，這煩擾你的是長相、身材，還是你自己？

你覺得某人很煩。想過嗎？是那個人在煩你，還是你拿他的言行煩擾自己？

你因某事苦惱。想想看，是那件事，還是你的想法在給自己苦惱？

在生命難以避免的痛苦與我們自陷其中，自討苦吃，這兩者是有區別的。

非洲國家盧安達有一句俗諺說：「你可以拋開身外之物，卻逃不開心口的煩憂。」愁來愁去，煩東煩西，人生還是同樣的人生，問題還是同樣的問題，何必庸人自擾？

123 煩惱

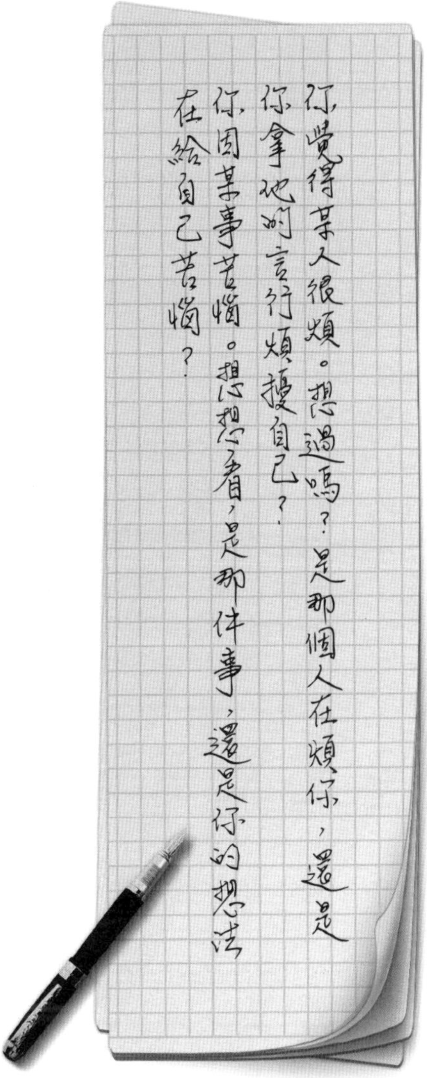
你覺得某人很煩。想過嗎？是那個人在煩你，還是
你拿他的言行煩擾自己？
你因某事苦惱。想想看，是那件事，還是你的想法
在給自己苦惱？

所有問題的根源

自我

天使所以能飛，是因為將自己看得很輕。
——英國作家卻斯特頓

人的問題雖千百種，但不論直接或間接的，一切問題都來自「我」。

當你在意某件事時，想想看，你真正在意的是什麼？是不是你自己？你太在乎你的利益、你的形象、你的期待、你的想法、你的表現……對嗎？

有人講一句話，你聽了很惱火，為什麼惱火？你說：「他竟然對我說那樣的話！」、「他根本看不起我」，那麼問題就來了。

我們對「我」的認同幾乎推及到身邊的所有事情上，你說：「這是我的車子、我的房子、我的工作，甚至我的男女朋友，我的伴侶、我的父母與我的孩子。」你的喜怒哀樂就會受他們影響。影響的強弱，是與自己的關係密切程度成正比。

你看電視上，超級大颶風，世紀大海嘯，連環大車禍，即使有人死傷慘重，或被壓得殘肢斷背，都比不上你的痛苦。只要生個小病或餓一下肚子，你就哇哇大叫，還管什麼非洲正面臨嚴重糧食短缺，有數百萬人處於渴死和病死的危機。有我就有執著，有執著就會有痛苦。如果你深入去看，你就會發現人之所以痛苦，都是來自對「我」的執念。當「自我」，我們一直珍惜和保護的那個「我」受到威脅，或是得不到他想要的東西，就是痛苦生起的時候。

觀察你認識的人裡頭，有哪些人老是深陷於沮喪和痛苦中，他們談話的焦點總是離不開自己。這人對我不好、那人辜負了我、我不喜歡這個、我厭惡那個……。痛苦裡存在的總是「我」。痛苦是以自我為中心。

俄羅斯作家西比利亞克說得對：「如果一個人只想到自己，那他一生中，痛苦的事情一定比快樂的事情來得多。」

現在起試試看，把「我」拿掉。「他竟然『對我』說那樣的話！」如果把「我」拿掉，就剩下「他說那樣的話」還會那麼生氣嗎？你說：「這對我有什麼好處？」，如果把「我」拿掉，就剩下「這有什麼好處？」心是否也變得開闊？

一位朋友修行後，整個人變得豁達開朗。我問：「你是怎麼改變的？」他答道：「我學會放下我的執著。我不再只關心『我的』利益、『我的』孩子、『我的』問題。當然，我還是希望一切安好，但是從那時候起，我可以用平常心去看待問題，人也變得輕鬆自在。」

我想起《一個新世界》書中有段話：「你如何放下對事物的執著呢？試都別試，這是不可能的。當你停止在事物中尋找你自己時，那個對事物的執著自然而然會消失。」是啊！人們總是說：「我放不下」，其實真正要放下的就是那個「我」。

當你感到快樂時，注意一下，你將發現你是「忘我」的，當你忘了自己，連帶許多煩惱也跟著忘了。有次我跟一位老師談到工作忙的好處，他呼應我說的：「我常為家裡的事煩心，但當我將心放在學生身上，反而沒有時間去煩惱家事。」

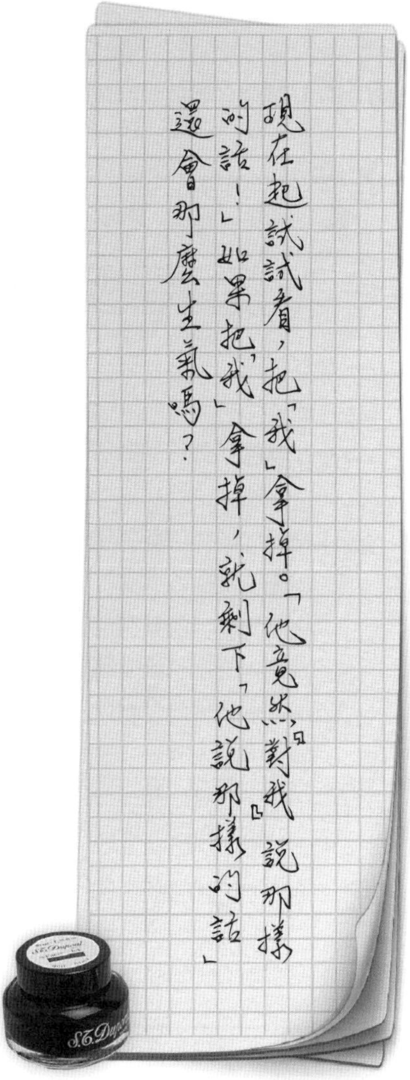
現在起試試看，把「我」拿掉。「他竟然『對我』說那樣
的話！」如果把『我』拿掉，就剩下「他說那樣的話」
還會那麼生氣嗎？

期望終歸是期望

「農場比我想的簡陋，餐點又少，天哪！還有那些人群，就像菜市場，真是讓我大失所望。」孩子畢旅回來抱怨連連。

「怎麼回事？」我問：「上回去露營，住宿環境簡陋，餐點也不多，人群更像菜市場，也沒聽你抱怨！」

是因為期望太高，對嗎？有時之所以挫折連連，並非因為壞事發生了，而是因為事情不盡如我們的預期。

期望

過度希望，產生了極度的失望。

——阿根廷作家
博爾赫斯

不快樂，就是期望和實際之間的落差。

你滿心期待說：「我要去旅遊……我要找到好工作……我要大家都關心我……我要先生常陪我……我要買那套洋裝……我要孩子成績優秀……我要擁有一棟房子……」，這些都是我們所期望的事，你可以寫一張清單，但是當清單上的事沒有實現，你會有什麼感覺？當期待落空了，你心中會起什麼變化？

你就會痛苦。會感到挫折、失望、惱怒、失落、甚至絕望。曾經有機會升遷、獲獎，或是被提名卻未獲獎的人，應該都有很深的感觸。就是當知道結果之後，甚至比沒機會或沒被提名的人更失落。

有個女孩剛嫁到先生家時，原本大家相處還不錯，婆家因為她是新人，所以對她呵護備至，幾個月後，大家想她已經熟悉環境，就沒再花那麼多心力關心她，可是她卻開始懷疑大家是不是故意冷落她，從此對婆家的態度也變得冷淡，導致和婆家相處間有許多心結。

她沒想過，是自己的期望在讓她不開心。

今天許多人感情會不順遂，也是因為有過多的期待。總認為別人應該如何對待，而當對方不是那樣的時候，就會產生很多問題。

因此，任何時候當你覺得失望受挫，別忘了問自己：

這個痛苦是怎麼來的？是不是因為我的期待造成的？

這個期望是誰訂定的？這個失望的人又是誰？

如果你曾靜下來想過，你就會明白怎麼回事——原來這都是你自己創造的。

你一直把期望投射到別人身上，這就是你一再失望的原因。

擁有期望並沒有什麼不好。有時候，它是我們內在需求與願望的線索；有時候，因為我們持續不懈的期待，使我們獲得更美好的結果。但是我們必須弄清楚，那期望是我們的，不是他們的，我們不該把自己期待放在別人身上。

其次，我們還必須明白：期望終歸是期望，它很可能落空。如同莎士比亞在《結束得好，一切都好》中寫的：「期待是常常落空的，它一般是最確切的一面。」

你越能覺察自己的期待，就越能看到問題出在哪裡。一旦放下期待，放下對結果的執著，我們的心很快就會平靜下來。

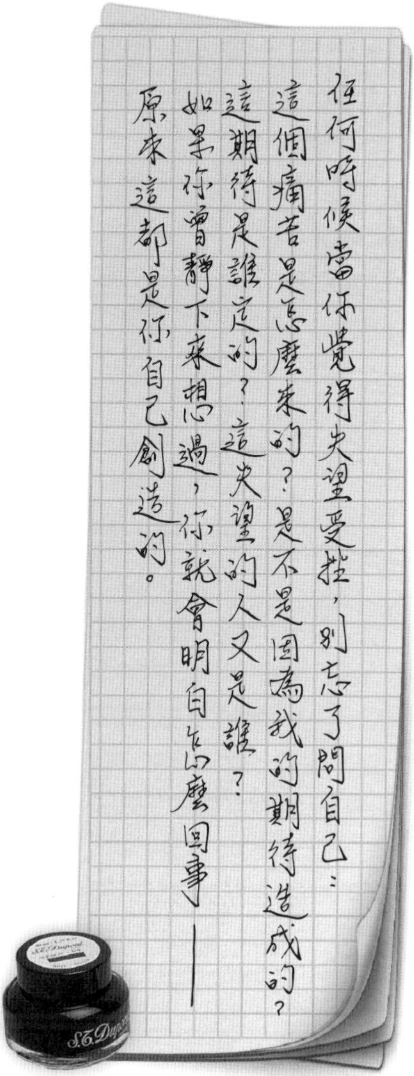
任何時候當你覺得失望受挫，別忘了問自己：
這個痛苦是怎麼來的？是不是因為我的期待造成的？
這期待是誰定的？這失望的人又是誰？
如果你曾靜下來想過，你就會明白怎麼回事——
原來這都是你自己創造的。
S.T.Dupont

有什麼，享受什麼

隨緣

得失從緣，心無增減。
——達摩

假如人家給你一杯香草冰淇淋，而事實上你喜歡的是巧克力口味，你會因為口味不如你希望的那樣而生悶氣？還是趁冰淇淋沒融化前，快樂享受呢？

我們常說：「一切隨緣！」隨緣是什麼？「隨」是隨順、接受，「緣」是已存在的事實。簡單說，就是接受事物現在的樣子，而非你希望的樣子。

明白這一點非常重要。因為世事總是無法盡如人意，想活得快樂就要學會凡事隨緣——「有什麼，就享受什麼」。

有個病人入院幾週來，天天都在抱怨，「病房空間太小，床墊太硬，餐飲不合口味，冷氣不夠強，隔壁床的病人太吵，真受不了！」她覺得很不滿。

我告訴她：「我知道有許多需要改善的地方，而妳是否要等到全都滿意才會安定下來？」

到療養院時我發現類似的現象。大廳裡通常有兩群人，一群人在那裡下棋、玩牌，向進來的人打招呼，他們看起來愉快而且友善。另一群人則繃著臉，總覺得每個進來的人都有問題，他們會向訪客抱怨：「這裡的伙食像豬吃的一樣！」、「你有沒有聽說他們怎麼亂花我們的錢？」、「你知道我兒子多久才來看我一次嗎？」這群人總是滿腹牢騷。

許多年來，我試著理解在快樂的人和痛苦的之間，在樂觀和悲觀之間，在那些壓力苦惱和輕鬆自在的人之間，在忍受和享受的人之間的差異。雖然有許多因素是不同的，但快樂的人都有一個相同特質，就是他們都比較「隨緣」。他們不堅持世界要滿足每一個願望，也不會為了世界沒給他們想要的東西而生氣。相反的，他很快就調適好自己，接受現實所得到的結果。

一位印度心靈大師說過：「當你感到不順心，那只是因為事情沒有符合你的欲求，事情從來不會符合你的欲求，它們不可能如此，事情只會按照它們的本性走。」是的，我們無須事事順心才能快樂。不管面對什麼處境，既來之，則安之；不管發生什麼事，只要順其自然，則隨遇而安。

前陣子學弟買房子，門牌是十四號四樓之四，他問我會介意四樓的房子嗎？「隨緣就好！」我說：「有的人反而喜歡四樓，『事事如意！』」

他又問：「那十四號呢？」

我說：「十四就是『一』『四』，就是『一世』。你就想：『一輩子事事如意！』不是很好嗎？」

有什麼，就享受什麼。不管生命給予什麼，都能找出屬於自己的享受方式，這即是整個生活的藝術。

一切隨緣吧！

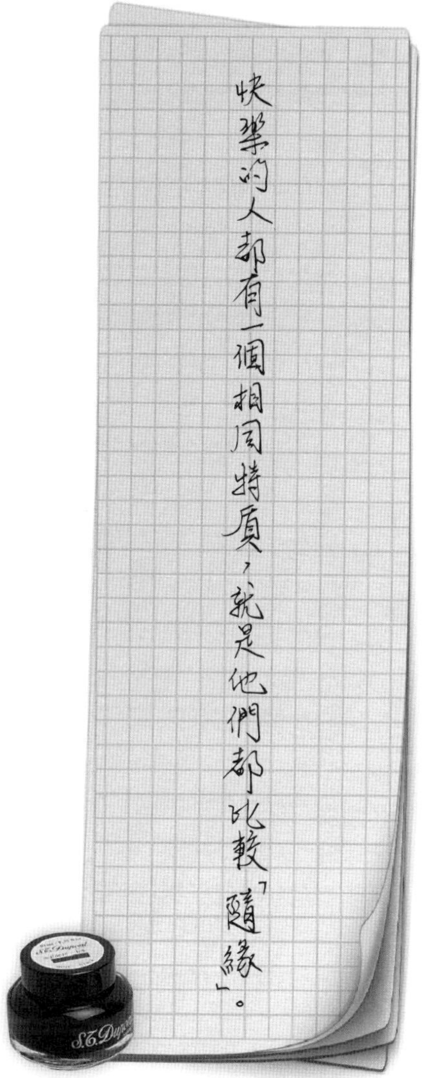
快樂的人都有一個相同特質，就是他們都比較「隨緣」。

看見更大的世界

放下

面對它，接受它，處理它，放下它。

——聖嚴法師

在某個禪修營裏，主持人是一位禪師，他教學員凡事要放下。那次禪修一共十天，從早上六點開始到晚上十點結束，每四十五分鐘打坐完後，就換四十五分鐘讀經，唯一的休息時間是用餐。

在禪修大廳，大家不是坐坐墊，就是坐在小凳子上，每一天學員都要回到一開始選定的位置就坐。到了第六天，學員在用餐時，指導老師重新安排坐墊和凳子，學員回到大廳時出現了騷動，幾乎每一個人都起了執著心，因為他們習慣的座位被改變了。他們花了許多時間來學習「放下執著」，指導老師僅花了片刻，便讓大家看到自己其實有多麼執著。

什麼是執著？「放不下」就是「執著」。

相信很多人童年都玩過「大風吹！」的遊戲，在遊戲中每個人繞著排成一圈的椅子走。當音樂停止的時候，大家必須搶一張最靠近自己的空椅坐下來。如果你在玩遊戲的時候，發現離自己最近的椅子被別人搶走了，你會不會趕快四處搜尋，找另一張空椅子？如果你動也不動，為那張自己想要的椅子被別人搶走而生氣，那麼，你肯定無法享受遊戲的樂趣，而且很快就會被淘汰出局。

執著就像堅持特定的座位一樣。事實上，當你執著的時候，執著本身就是問題，不管你執著的是什麼，是想獲得某個職位、想跟某人在一起，或想要贏得某個獎，得到某個東西，一旦你執著，很容易把心思放在我們得不到的東西，看不到自己擁有的，也看不到其他的選擇。人一旦執著很容易患得患失，心裡承擔壓力，耗費大量的精力。

我們想掌控的東西，將控制我們的生命。

有一則小故事：一隻狐狸把手伸進了裝滿雞蛋的陶罐裡，抓了雞蛋的手，怎麼也拔不出窄口的陶罐，但狐狸無論如何也不願意放掉那顆雞蛋，最後就被抓住了。

所以，如果你有什麼「放不下」，你必須先深入內在，去看看究竟是它們抓住你，還是你抓住它們？能夠看清這點非常重要。

禪修大師阿姜查說：「如果你放下一點點，就能獲得一點點平靜；如果你放下許多，就會得到更多平靜。」

我們該學習的，並不是如何掌控得更好，而是如何放手。學習放下執著，也就學習自在的人生！當你真正放下，就會發現在你的眼界之外，還有更大的世界。

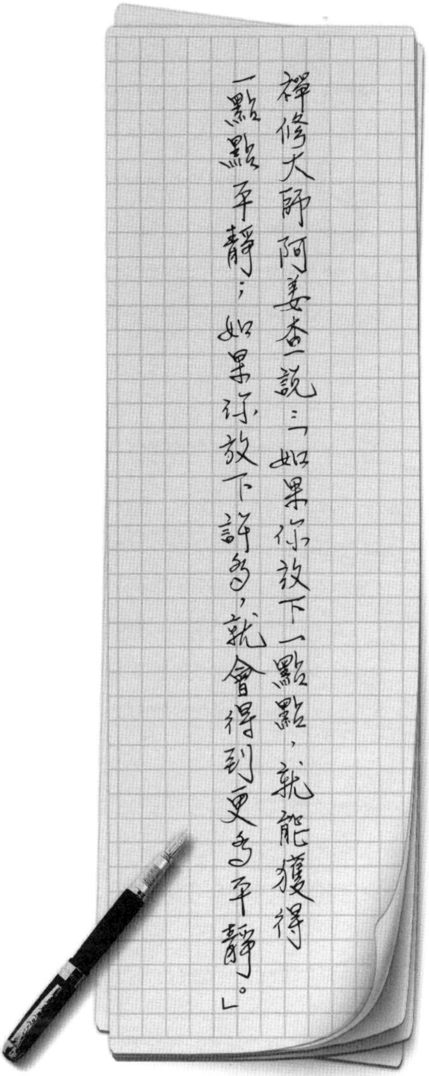
禪修大師阿姜查說：「如果你放下一點點，就能獲得
一點點平靜；如果你放下許多，就會得到更多平靜。」

內心的平靜

平安

我盡全力，其餘的就交給主。

——教宗若望二十三世

「平安」，是大家所熟悉的字眼。它不只是一句貼心的祝福；也是基督徒生活裡，最為通用的請安用語。

幾年前，許多人還特地到台南永康車站，只為了買一張「永康——保安」硬式紀念車票。可見，人們對「平安」的需求是何等熱切。

平安是什麼？人心為何不安？很多人問平安從哪裡來？

因為世事無常，人生時時刻刻都在變動。情人會變心，事情會變卦，健康會變化，災難隨時都在發生，昨天還在的人，今天可能就不在了。若要一心指望著一切都「永保安康」，反而會為我們帶來更多不安。如果你預期生活中會有高低潮，內心反而平靜。

有兩個畫家要描繪平靜安穩的景象，一個所畫出來的是在一大片激昂壯闊的瀑布旁有一節樹枝，樹枝上有個鳥巢，而小鳥睡在鳥巢，絲毫不受瀑布水聲的干擾。

另一個畫家所畫出來的卻是一個靜如止水的湖，湖面上倒映著明麗的藍天白雲，綠樹紅花，到底哪一個才是我們在生活中所嚮往的平靜安穩。

相信不用說，每個人都已經有了答案。真正的平安不是外境的風平浪靜，而是內心的平靜。我們唯有在自己的內心之中才能找到永恆的平安。

你是否知道，即使在最動盪的景況中，也能得享平安？其實基督徒信任將一切「交給主」，佛教徒的人相信「隨緣」，這些都是一種放下，也就在放下的同時，身心也得到安頓。

引自《宇宙逍遙遊》中的一段話：「沒有一顆心，當它的安全被保證時，不立刻開放的。」

不要對人生起起落落太在意，生命是來豐富我們的。將生命的不安定交給上帝，信任上蒼的安排。你越早交出，你的心也越能放下；你愈信任內心愈平安。這是我的體悟。

印度詩人泰戈爾說：「恩典之風永不停息，必須揚帆的是你。」你只要敞開心靈，正面迎向。當你不再對抗，所有事情都會自己安定下來，你不需要去安頓它們，你只要安頓你自己。一旦你處於和諧之中，整個生命都會處於和諧之中，這就是平安喜樂之道。

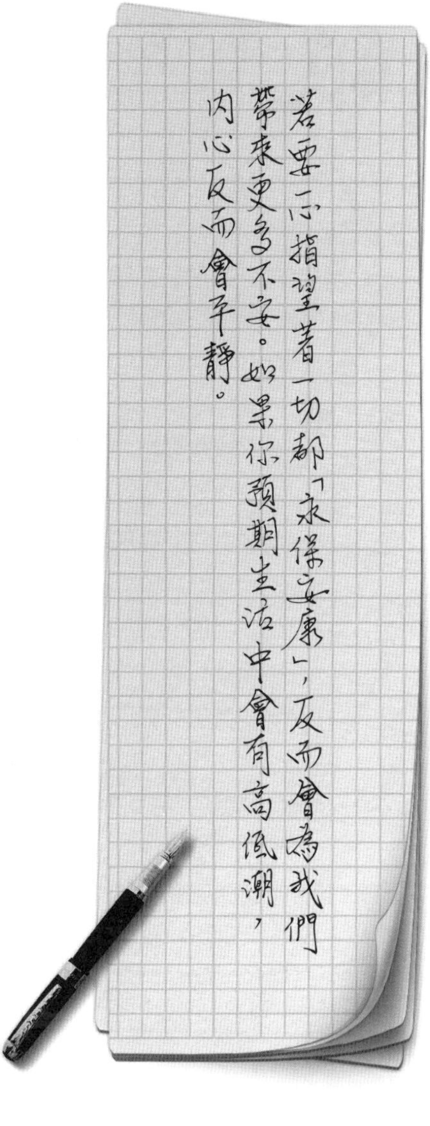
若要心指望著一切都「永保安康」，反而會為我們
帶來更多不安。如果你預期生活中會有高低潮，
內心反而會平靜。

其實是貴人

敵人

真正的敵人會賦予你無盡的價值。

——卡夫卡

你討厭那個人，然後你在心裡咒罵他，你是在罵他嗎？他根本不知道，其實你是在罵自己。

你很氣某人、憎恨某人，你不想讓他好過，但誰不好過？是自己對嗎？因為在你恨任何人之前，你必須先在你內在產生恨的毒素。唯有你有某樣東西，你才能將這樣東西給別人，唯有充滿憤怒你才能憤怒。所以，在傷別人之前，你已經傷了自己。

心繫仇恨，一心想報復的人，很少靜下來想過。你等於把自己貶低到和對方同樣的地位，而對方是你一開始就厭惡的。如果你屈服於自己的敵意，就變得和對方一樣惡劣，這才是敵人對你最大的傷害。

在科幻電影《星際大戰》（Star Wars）裡。其中有一幕是路克天行者（Luke Skywalker），在面對黑暗大帝時，路克怒不可遏。他開始辱罵黑暗大帝，說他將會永遠對抗他和他邪惡的行徑等。

黑暗大帝說：「是的，你儘管憤怒，你儘管痛恨我，因為只要你對我生氣，只要你痛恨我，你就站在我們這一邊。」這句話深富寓意。與人為敵是非常危險的，因為慢慢的你們會越來越像。

一旦你與某人對抗，很顯然地，你會以牙還牙，你會使用同樣的手段，說同樣的話，做同樣的事，然後變成同類的人。你以其人之道還治其人，結果你變成你討厭的人。

所以，要「慎選敵人」。有人說，看一個人的底牌，要看他身邊的好友。看一個人的身價，要看他的對手。想起一位朋友用成功來報復以前的老闆，讓他清楚失去的是何其珍貴，這就對了，千萬別自貶身價。

德語小說家卡夫卡說：「真正的敵人會賦予你無盡的價值。」我完全同意，掌聲容易使人迷失自我，舒適安逸容易讓人減退鬥志，真正激發潛能的，常常是那些我們最痛恨的人。就是這些敵人，才使我們變得堅強、勇敢，讓我認識自己和看清別人。

麥可喬丹，也許是ＮＢＡ史上最偉大的球員，對於能有這些不朽的成就，這位「籃球之神」說：「最感謝的即是過去那些不看好或是阻擋自己的人。」敵人其實是我們的貴人，我們應該反過來感謝。

當美國南北內戰最熾烈的時候，雙方對敵人的仇恨高漲。某議員批評林肯總統對敵人的態度：「你為什麼要試圖跟他們做朋友呢？」他質問道：「你應當想辦法消滅他們才對。」

「我難道不是消滅我的敵人嗎？」林肯溫和而智慧地說：「當我將敵人變成朋友時，我們的仇敵就全都消滅了。」

要做到很難，那是因為我們才是自己最大的敵人。

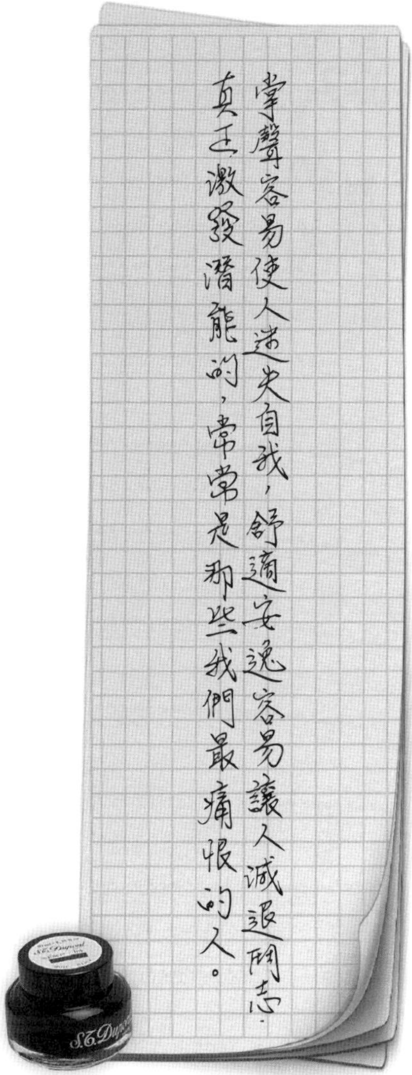
掌聲容易使人迷失自我，舒適安逸容易讓人減退鬥志。
真正激發潛能的，常常是那些我們最痛恨的人。

只看到黑點

缺憾

生命是從缺憾中獲取完滿的一種藝術。

——愛爾蘭詩人 威廉．勃特勒

人生總是美好中帶有缺憾。就像漂亮房子也會有蟑螂一樣——要是沒有這些蟑螂該有多好！但是現實生活並不會照著我們想要的樣子出現：你可能很開心得到朝思暮想的禮物，卻發現裡面有瑕疵；你可能興奮被錄用，才知道這行業辛苦；妳可能遇到很好的先生，但是公婆卻對妳不好……。生命總是有一些不完美，但如果你因這些缺憾而掛心，就好像試圖讓房子裡的蟑螂都消失一樣，最後反而滿腦子都是蟑螂。

美好的人生並不是指沒有問題產生，而是要學會接受缺憾，學會欣賞其中的美好。當你不再要求完美，那麼當下就是美好的，不是嗎？

有一對夫妻感情關係一直不好，天天說對方的不是。

有一天一位老師到他們的家，他們把自己家庭的問題告訴了老師，希望老師幫助他們。

老師當時不說話，拿來一枝筆在一張白紙上點上一點，問他們：「你們在這紙上看到了什麼？」

他們說：「我們看到了一個黑點。」

老師說：「除了黑點還看到了什麼？」

他們回答：「紙上就只有一個黑點啊。」

老師：「哎！黑點外的這麼大片的白色你們沒有看到？為什麼眼睛只看到紙

上的黑點？」

關係為什麼不好，因為只看到對方的不好。人為什麼平庸，因為忙於修正缺陷，卻忘了發揮特長；人生為何難順心如意，因事事都想順心，又怎麼可能如意？

你沒發現嗎？所有追求完美的人，過得都不怎麼美好。

有人五官端正，只是鼻樑不夠高，要是很在意，就成了缺憾；有人婚姻美滿，但是當他們認為沒孩子是缺憾，就會覺得人生不夠圓滿。還有些人有了孩子，但是他們卻認為，「要生個男孩或女孩。」結果若非所願，缺憾也由此而生。

我認識一對老夫妻，幾個孩子都分居各地，一家難得團圓，他們常為此怨嘆。他們沒體悟到：若不是相隔遙遠，又怎麼會彼此珍惜？若沒有分離的思念，怎能領略相聚的幸福？

月圓月缺，但是，你不會說月亮是不圓滿的，對嗎？

美好，不是沒有缺憾；缺憾，也可以是美好的。正因為有缺憾，才讓人懷抱著希望。月有陰晴圓缺，但月依然是美的。真正美好的人生，是從缺憾中領略到。

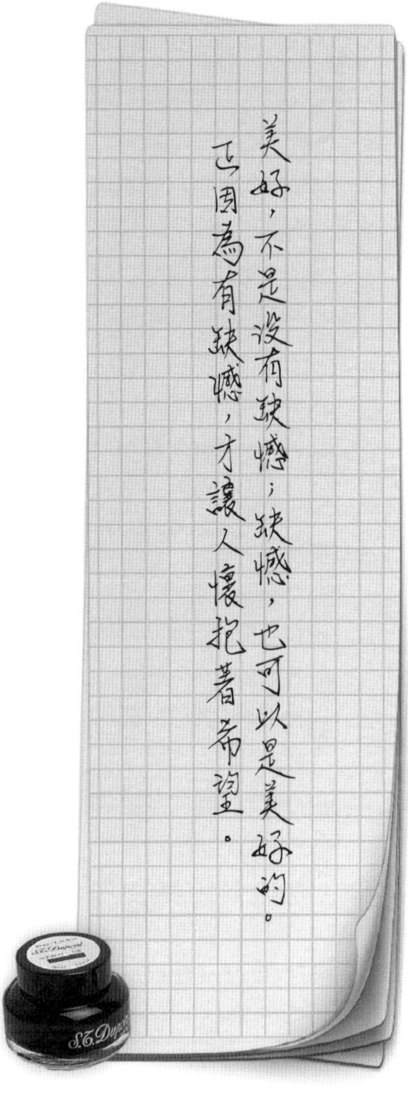
美好，不是沒有缺憾；缺憾，也可以是美好的。
正因為有缺憾，才讓人懷抱著希望。

意外

痛苦會過去，美會留下。
——法國畫家雷諾瓦

有時候上天帶我們走的路會讓人覺得應該找個更好的旅行社，因為一會兒在這裡轉個出人意料的彎，一會兒在那裡爬座山。真不明白祂為什麼不按照我們安排好的路線，選一條好走一點的路。例如，為什麼沒得到第一個應徵的工作，為什麼沒通過甄選，或者我們也經常想不透，自己為什麼被公司開除或被配偶拋棄，為什麼生這種病，為什麼發生這意外？

想起一部舊電影，片名叫「意外的人生」，敘述一位精明幹練、無往不利、為贏得官司一向不擇手段的成功律師亨利（由哈里遜福特飾演），在一次意外的槍傷之後，從事業的巔峰重挫，卻得以重新檢視以前的自己，也藉由這次意外讓他思考及體會生命中最重要的方向，因此改變了原本的人生觀，找回家庭的幸福及向心力。

是的，在一切順遂的時候，你將很難看見自己的問題，只有在困厄席捲的狀況下，可以讓我們重新找到自己的定位。

有人認為生病是不好的，錯了！其實疾病可以幫助我們把問題從外頭拉回自己的身上。你沒有注意到嗎？很多人在生了一場重病之後，對生命的觀點就全變了，他們不再像以前一樣糊塗地過日子。

有人因失戀、離婚、失業或發生不幸而感到悲傷，然而，我們若以更高的視野來看，就可以理解為什麼發生這樣的事。因為若不是這樣，我們就不可能蛻變，就不可能看到人生的另一番風景。

回想一下，在你以往的旅行中，最令你心動的，是不是都是意料之外的一刻？

或許是不經意轉進巷弄裡，令人驚豔的咖啡店。或許錯過了該轉彎的交流道，行經某處不知名的小鎮，發現世外桃源。或許車子爬山破了胎，留宿山區，夜晚滿天星斗，合不攏嘴地感動。

我們錯過了「A計畫」，上天也許為你安排「B計畫」。老天給你的路障若不是要你跳得更高，就是要你多繞路走，看看曲路迂迴之美。

意外就像「山窮水盡疑無路」時，所發現的柳暗花明村；「行到水窮處」時，所看到的天邊美麗雲彩。我們看人生的風景，我們也在風景之中。

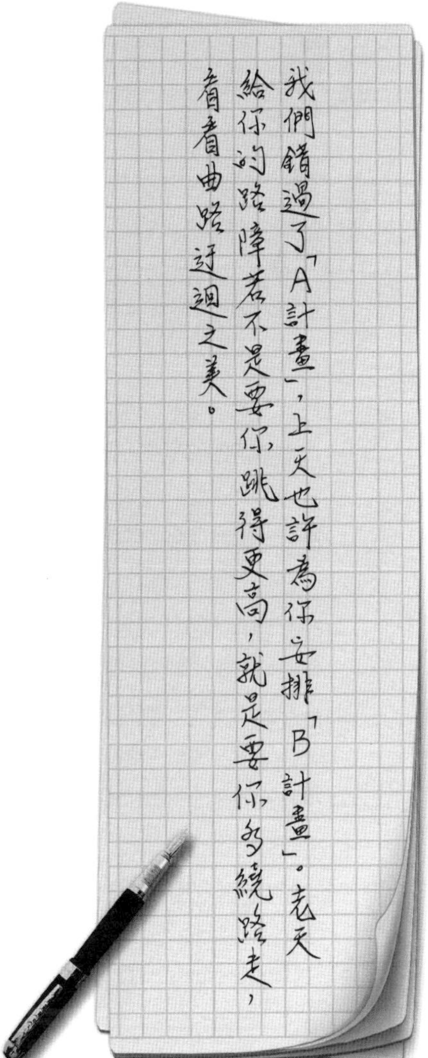
我們錯過了「A計畫」，上天也許為你安排「B計畫」。老天
給你的路障若不是要你跳得更高，就是要你多繞路走，
看看曲路迂迴之美。

上天的祝福

逆境

那些打不垮我的，將使我更堅強！

——尼采

生命中所有事件的發生，不論當時多麼痛苦、悲慘，都只有一個目的，就是賜予你智慧、力量與覺醒。

懂得視逆境為上天的祝福，並不容易。一開始你無法接受發生在自己身上的事，你會充滿疑惑，仰問蒼天：「為什麼是我，老天？」你想不透，「為什麼發生這種事？」

然而，當你改變觀點，你說：「我相信上天自有安排，這段經歷是讓我學習，幫助我成長。」等你熬過了，另一頭等著你的正是一個轉捩點、一個嶄新的開始，以及重生的機會。

這故事我曾一再提到：有一朵看似弱不禁風的小花，生長在一棵高聳的大松樹下。小花非常慶幸有大松樹成為她的保護，為她擋風擋雨，每天可以高枕無憂。

有一天，突然來了一群伐木工人，把大樹整個鋸了下來。小花非常傷心，痛哭道：「天啊！我所有的保護都失去了；從此狂風會把我吹倒，滂沱的大雨會把我打倒！」

遠處的另一棵樹安慰她說：「不要這麼想，剛好相反，少了大樹的阻擋，陽光會照耀妳、甘霖會滋潤妳；妳弱小的身軀將長得更茁壯，妳盛開的花瓣將一一呈現在燦爛的日光下。人們會看到妳，並且稱讚妳說，這朵可愛的小花長得真美麗啊！」

我最喜歡《侏羅紀公園》電影中葛蘭博士所說：「生命會尋找出路。」人生的轉折，常常都是在經歷痛苦之後。你不會碰上一個你無法處理的問題，你碰到的每個問題都是為了讓你體會自己擁有的能力，體會你能從生命中活出更多可能。

不論發生什麼，深呼吸，讓你的心靜下來。告訴自己：「這正是我需要的。」不管事情有多糟，想想看：「這逆境為我帶來什麼好處？」「這其中可能有什麼生命禮物？」

將「問題」（problem）這個字換成「計畫」（project）。雖然問題一樣存在，但你不再覺得那是個折磨，你知道那是老天的計畫。當你開始以造物者的眼光看待人生，你就能夠坦然接受。

等你在最後回顧自己的人生時，你便能夠理解，包含在這些經歷中的人與事，其彼此間是如何地連動，以致於變成造就「現在的我」的各種機緣。一如蘋

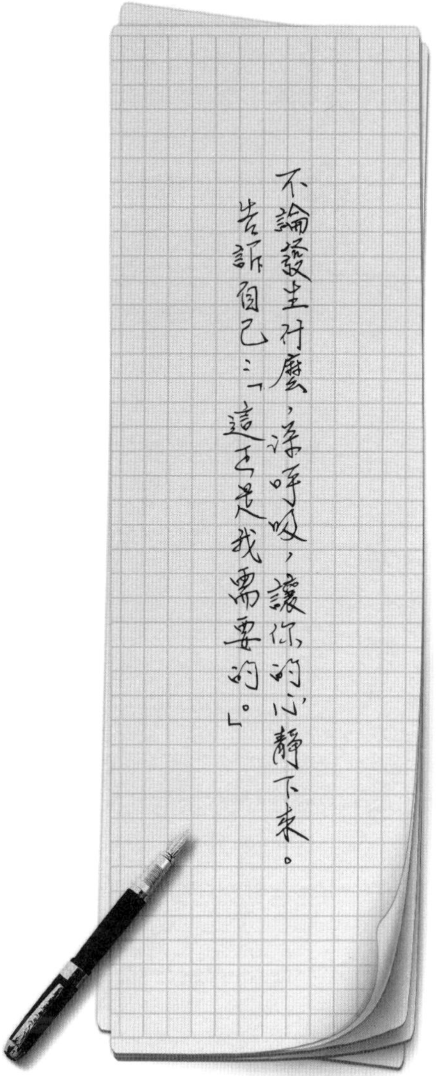

果的賈伯斯曾在對史丹佛畢業生的著名演講中提到的，人生的關聯性，有時只有在你回頭看時才會看到，而現在，我彷彿也為自己看到了。這就是逆境的祝福。

決定人生的成敗

態度

當陽光普照的時候，灰塵也會閃閃發亮。

——哥德

每回主持研討會或教育訓練課程，我常問一個很基本的問題：「你是以什麼樣的態度來參加？」問畢，通常大家一臉茫然，有人還會轉頭看別人的反應。

每次為學生提供職涯發展建議，我總會不厭其煩提醒：「態度，決定你的高度。」得到的反應多半也是「雷聲大，雨點小」。顯示多數人對態度的自覺程度並不高。這也是為什麼我一再提及。

有個大家熟知的故事：三個工人在路邊砌磚，旁人問說：「你們在做什麼呢？」工人甲說：「我在砌一面牆。」工人乙說：「我在蓋一幢樓房。」工人丙卻興奮地說：「我們在建一座城市！」

幾年以後，甲在另一個工地上砌牆；乙成了工頭；丙成了這家地產公司的老闆。

什麼原因？是態度！

英文有句話是這樣：「How you do anything is how you do everything.」（你做一件事的態度就是你做每件事的態度）

人們每天的生活形式都差不多，做的事也大同小異，既然如此，那麼是什麼讓他們做的事突然變得重要起來呢？

答案不在於他們做什麼，而是他們做的狀態為何。不管是砌牆、鋪床、做家事，或是寫報告、當服務生，重要的是他們是以什麼樣的態度做這些事。

我常去一家小館用餐，地方不大，菜色不多，但店員親切服務又好；另有位外國來的同學，學習的態度非常好，所有提問我都樂於解答。再說前些日子，到銀行辦事，受理人員可能是新手，對業務不甚瞭解，又修改又刪除，又是打電話求救，前前後後忙了近半小時才搞定。最後我跟他道謝：「辛苦了！」因為他始終面帶微笑，還不斷向我道歉，讓我感受到他的誠懇和敬業。

對於能力你只能盡力，對於態度你卻能決定。

美國西點軍校的名言：「態度決定一切。」就是這個意思。我相信，你也曾碰過類似的人。他們表現怠慢懶散，死氣沉沉，人生彷彿烏雲罩頂。對生命態度消極悲觀，讓人退避三舍。

心理學家早已發現：一個人被擊敗，不是因為外在環境的阻礙，而是取決於他對環境如何反應。態度不是由環境造成的，否則好的態度必然來自好的環境，而否定的態度則是因環境艱難造成。我們都知道這並非事實，有許多生活優渥的人反而憤世嫉俗，有許多似乎一無所有的人卻總是笑逐顏開。

有個小徒弟問：「師父，明天的氣象如何？」

師父回答：「一定是我喜歡的天氣。」

小徒弟疑惑地問：「師父能未卜先知？怎知道天氣一定如您所願呢？」

師父：「或許我不能控制天氣，但心情卻是我能掌握的。」

是的，或許事情無法改變，但你可以改變你的心情。或許你無法改變長相與體型，卻可以改變你的態度。你用什麼態度去面對生活，就會有什麼樣的人生。

花若盛開，蝴蝶自來

成為

一個人往往變成他心裡所想的那個人。

——愛默生

許多人一輩子都在追求，追求成功，追求快樂，追求美滿的關係，追求理想的生活。結果往往事與願違。不斷的追求，只會提醒我們，自己是多麼「缺乏」。那是搞錯了方向。生命的訣竅是，直接從成為快樂、成為愛、成為成功者開始，直接從日常生活中活出你想要的開始。

要成功，你必須先讓自己在心態上成為一個成功的人，才可能像成功者一樣思考和做事，然後擁有成功。要快樂，你必須先成為快樂的人，做任何事都快樂，然後你的感情就會更順心，工作就會更順利。要被愛，你必須先付出愛，然後你就會得到更多的愛。

我們說：「給予就是最好的獲得。」給予的時候，我們內在，是一種擁有的狀態，而當你完全活在這種狀態，你就成為那樣的人；那樣的人，也會吸引更多同樣的人事物。

有一個學生希望我能幫他介紹女朋友，他說：「我一直在尋找心儀的對象，你可不可以幫我找找。」

他描述他心儀的對象：要溫柔、大方、樂觀、善解人意，有愛心。聽了之後，我告訴他：「你在找一個好女人，而這個好女人，也在找一個好男人，你是那個好男人嗎？你也具備心儀對象的特質嗎？如果不具備，先把自己培養這些特質，只要你具備了，就會有很多好女人被你吸引。」

花若盛開，蝴蝶自來。一朵充滿花蜜的花，不需要要求蜜蜂為她傳授花粉，蜜蜂自然會主動前來。

你尋求的是美好的關係，那麼，最重要的是讓自己成為美好的人，然後，你與人的關係變美好，也會吸引更多美好的關係。如果你想得到權力，你必須放棄追求，先負起責任來。盡心為他人服務，並擔當使命之後，你就會獲得權力。如果你尋求幸福，不是去找尋，而是成為人們的幸福之源；如果你尋求歡樂進入你的生活，當你走進房間時，將歡樂帶進去。

你想改變某人，不是去改變對方。老子說過：「唯一能夠真正做到一件事的方法，就是讓自己變成那件事。」而我說：「唯一能夠真正改變一個人的方法，就是讓自己變成那樣的人。」

有位護士說得好，每當我感到人們不對我微笑時，我就開始笑著對別人問好，然後，非常神奇地，似乎我周圍突然多了許多微笑著的人。

先成為你想成為的人，然後你就能擁有你想擁有的東西。

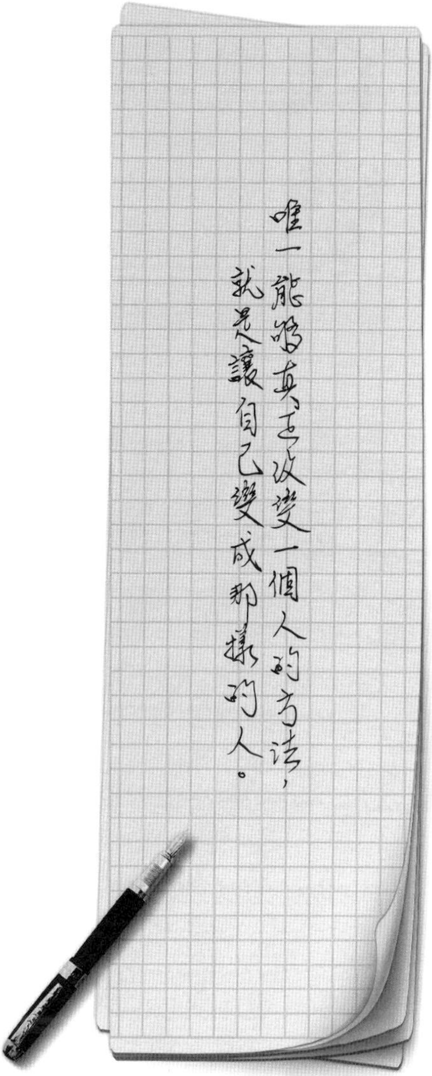
唯一能夠真正改變一個人的方法，
就是讓自己變成那樣的人。

你有多渴望？

改變

自己做那個你想在這世上看到的改變。

——聖雄甘地

改變難不難？

改變難，因為人對未知大都抱著恐懼心理，唯恐它會帶來預想不到的痛苦，即使不舒服，還是會選擇留在原地。

改變不難，是在於你有多渴望改變。

心靈作家芭芭拉·安吉麗思寫了一個關於教導覺醒的故事：

有個農夫喝了很多啤酒，醉倒在一叢荊棘上。只要他維持睡眠的狀態，就不會察覺身體被荊棘刺傷的疼痛。但是酒慢慢退了，他逐漸醒來，發現自己從頭到腳都劇烈地疼痛。

農夫知道他應該爬起來，離開荊棘，但即使是稍微移動身體，也會讓疼痛更為劇烈，所以他繼續躺在荊棘上，一動也不敢動。

已知的一切或許並不愉快，但起碼是熟悉的，起碼已經習慣了，然而未來呢？誰知道啊！說不定會更糟，還是保持原狀好了。這即是人們對現狀明明不滿，卻不願改變的原因。

在電影《楚門的世界》（The Truman Show）中，美國影星金・凱瑞（Jim Carrey）飾演一個終生活在電視裡的人，而他並不自知。每當楚門認為他自己做了決定時，其實都是被控制室那端的製作人所操控的。最後楚門知道了這個陰謀，想要冒險離開小城。但為了讓受歡迎的節目繼續下去，製作人安排了一個又一個障礙，阻止楚門獲得自由。

有一次，控制室裡的助理問製作人：「你認為他能找到出去的路嗎？」製作人正色答道：「如果他下定決心離開，他可以在任何時候離開，實情是，他喜歡他的世界。」

「為什麼我一定要走出去？」很多膽怯的人會問。常常，我的回答只是淡淡的一句：「留在原處不前，會比較快樂嗎？」

法國詩哲阿波里納芮（Apollinaire）有一段智慧之言。

「到邊緣來。」

「我們不能，我們害怕。」

「到邊緣來。」

「我們不能，我們會掉下去。」

「到邊緣來。」於是他們來了，然後他推了他們一把，他們卻飛了起來。

生命的可貴就在這裡，我們不知道未來會發生什麼，但依然勇往直前。只要換掉 change 中的一個字母，就變成 chance 了。就看你有多渴望？

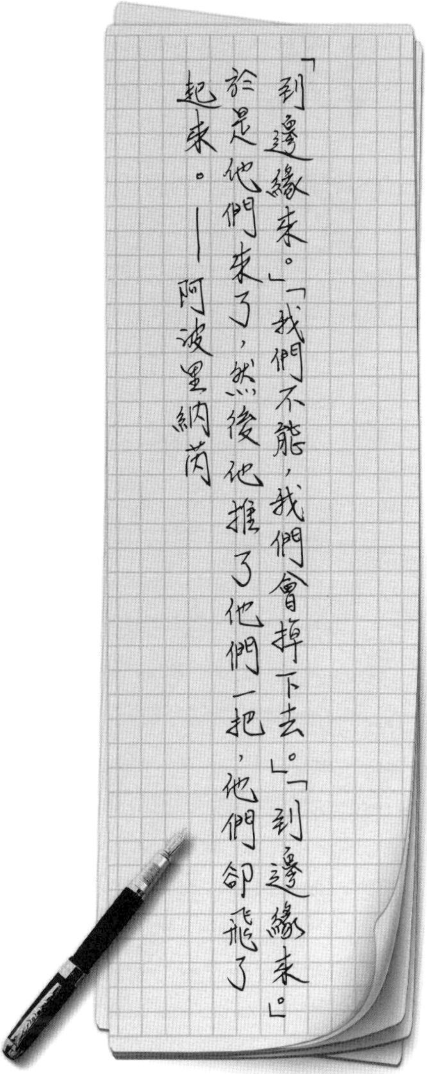
「到邊緣來。」「我們不能，我們會掉下去。」「到邊緣來。」
於是他們來了，然後他推了他們一把，他們卻飛了
起來。——阿波里納芮

決定

一次小小的失誤也許會防止重重的跌落。

——托富勒

從錯誤中學習

關於決定，人們總是舉棋不定，之所以怕決定是因為我們怕犯錯，「萬一錯了，要是結果不如預期怎麼辦？」

我算是聰明人，但我這一生一直對「做決定」這事感到苦惱——要讀哪個學校？要跟誰合作？買哪間房子？要不要到國外發展？要做什麼投資……在在都令我煩惱。

也曾想過，如果過去做的是不同決定，今天又是如何？當然，我不可能知道。唯一可確定的是，我從中學到很多教訓。

我很感激幾位親友，如果不是他們顯露真性情，我就看不透人性，學不到如何慎選交往對象，這倒是不壞的領悟。再來，如果我不曾投資失敗，就不會重新檢視自己，知道自己是誰，有能力做什麼，也不懂得理財。

常聽到人們這麼說：「如果再回到那時候，我一定不會那麼做。」聽到這種話時，我心裡就會暗想：就算回到過去，你依然會選同一條路，沒有走過那段經歷，你就不會發現。

我要強調的是，沒有所謂錯誤的決定。如果你選擇道路甲，你會學到一套課程；如果你選擇道路乙，你會學到另一套不同課程。如果當初做不同決定，同樣會帶給我們全然不同的人生體驗。決定沒有對與錯，只有不同的決定。

人生不像考試一樣，有個標準答案在那裡分辨對錯；而是像自由發揮的繪畫，任何一筆一畫都是對的，任何時候我們畫錯了一筆，都可以多塗幾筆，讓它變成另一幅畫。

有個小孩在家中學國畫，還沒開始，就把墨汁滴到了潔白的宣紙上，慢慢散開來，變成了一個醜陋的墨漬。

小孩很懊惱，準備換一張宣紙。

可是，他的媽媽說：「這點墨漬不是很好嗎？」孩子的媽媽取過筆，用那點墨漬畫了一隻小貓，竟然栩栩如生。

孩子拍手高興地喊：「原來墨漬可以變成小花貓。」

其實，不管你做什麼決定，只要從錯誤經驗中學習，錯誤也將因此變得有價值。錯也變成對的！

其實，人生沒有真正的好與壞，因為每一條道路都有不同的風景，只要你把人生看成是自己獨一無二的創作，就永遠不可能走錯路。

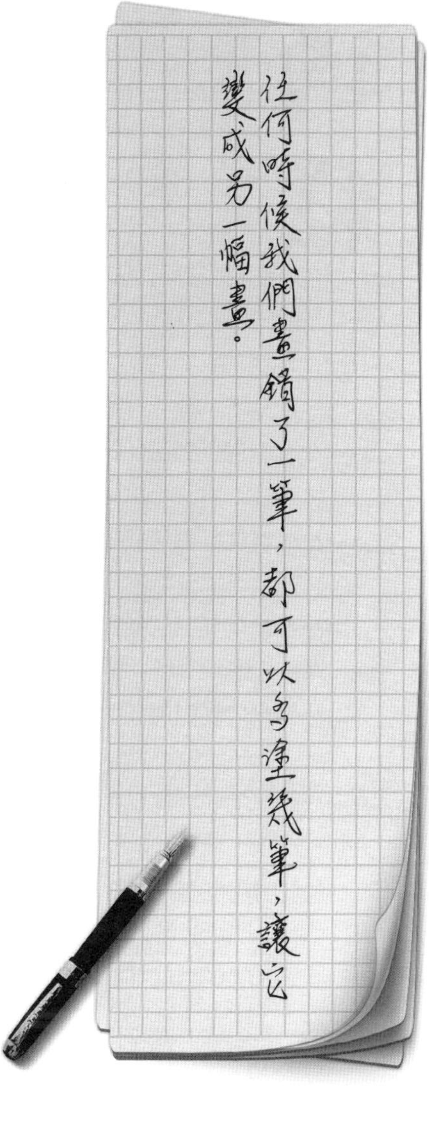
任何時候我們畫錯了一筆，都可以多塗幾筆，讓它
變成另一幅畫。

幸福不在終點

過程

我不是從山腳走上山頂，
而是每一次只走一步。
——聖嚴法師

當你去搭火車，你認為火車的功用是什麼？當然是將乘客載到目的地。這是一般人的典型回答。

但為什麼火車的功用不能是載客欣賞沿途的明媚風光呢？那不是更有趣？

當你看球賽，你認為是輸贏比較重要，還是比賽過程比較重要？

當然是輸贏重要，兩隊比賽拚得要命，不就是為了爭出個輸贏嗎？

不過只是為了知道輸贏，你又何必從頭到尾來看這場球賽呢？乾脆告訴你結果不就行了嗎？

我曾問過一位喜愛登山的朋友，「登山最大的樂趣是什麼？我想應該是到達山頂那一刻，對嗎？」

「當然不是，」他說：「登上山頂的喜悅只是一瞬間的事。你歡呼吶喊一會兒，欣賞一下景色。但很快地你會感覺寒冷，並開始想到下山的路有多難。」

「那為什麼有那麼多人喜歡登山？」

「是攀登到山頂的歷程，」他說：「整個過程才是最重要的，而不是身處山頂，如果只是為了處於山頂，那坐直昇機來不就得了，何必那麼累呢？」

山頂是可以讓我們看得更遠的地方，而不是我們自認為該爬到的位置。人生最精彩的不是實現夢想的瞬間，而是堅持夢想的過程，是看到自己一步一腳印留下的刻骨銘心。

拿寫作來說，創作的過程正如一個待產的母親，她的快樂不只是來自嬰兒的誕生，同時也來自懷孕中的期待和喜悅。假如把最終的完稿視為唯一的滿足，那整個過程將多麼艱辛無趣。

人活的是一個過程。要不然，明知都要死，為什麼還活著？常聽到有人因為達不到自己的人生目標而感慨，聽多了不免感嘆，是否我們的人生，都太執著於山頂，因而對沿途的風景視而不見？如果我們終其一生，都沒能達到人生目標，難道人生就白活了嗎？生命就這樣虛度了嗎？

當然不是。生命是一趟旅程，它並沒有最終的目的地，如果有的話，那就是墓地。美好的人生並不在道路的盡頭，而是在整條道路上。只要旅程是愉快的，旅行必定是愉快的。

邁爾康這位《富比士》雜誌發行人說過：「到達終點很棒，但過程總是最有樂趣的部分。」千萬不要為了趕路，忽略了沿途的美景。

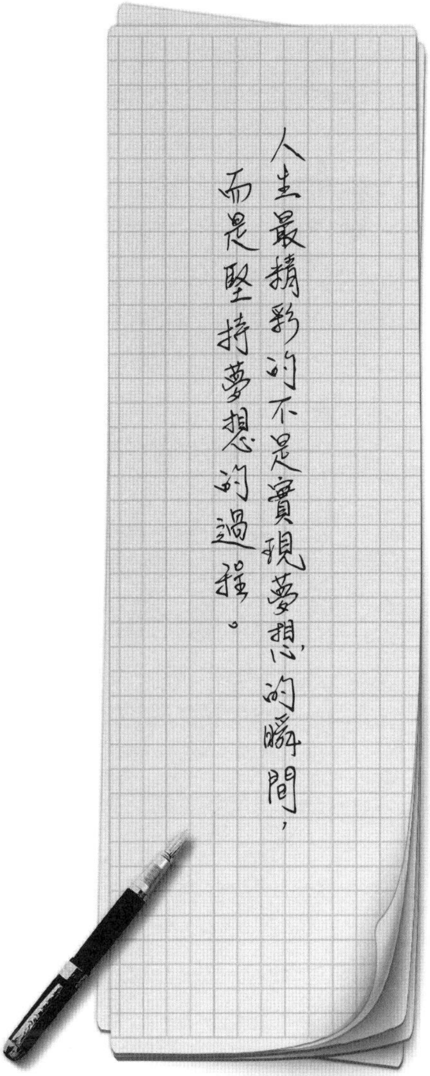
人生最精彩的不是實現夢想的瞬間，
而是堅持夢想的過程。

我的本意是什麼？

目的

人生的目的，是在地上建築人間天堂。
——希爾泰

不管你做什麼，首先要問自己一個終極問題：「什麼才是我真正的目的？」

你去旅遊，目的是什麼？參加聚會，目的是什麼？跟某人結婚，目的是什麼？

有一對夫妻，婚前非常恩愛，但婚後沒多久就開始相互抱怨；妻子覺得丈夫不體貼，更不夠有錢；丈夫則嫌妻子心胸狹小，天天只會碎碎唸。因兩人的關係愈來愈糟，於是向心理師求助。心理師花了三小時傾聽兩人的不滿和抱怨後，只問一句話：「請問，你們當初結婚，就為了這無止境的爭吵和抱怨嗎？」夫妻倆頓時如醍醐灌頂，之後很快回復了往日的甜蜜。

有一則廣為流傳的故事：

金代禪師非常喜愛蘭花，在平日弘法講經之餘，花費了許多的時間栽種蘭花。

某天，他要外出雲遊一段時間，臨行前交代弟子：要好好照顧寺裡的蘭花。在這段期間，弟子們總是細心照顧蘭花，但有一天在澆水時卻不小心將蘭花架碰倒了，所有的蘭花盆都跌碎了，蘭花散了滿地。

弟子們都因此非常恐慌，打算等師父回來後，向師父賠罪領罰。

金代禪師回來了，聞知此事，便召集弟子們，不但沒有責怪，反而說道：「我種蘭花，一來是希望用來供佛，二來也是為了美化寺廟環境，不是為了生氣而種蘭花的。」

他沒有忘記自己原本的目的，沒有了蘭花，採些野花或用水果一樣可以供佛，不是嗎？

下次你覺得事與願違，某人讓你不開心，或某個計畫未照規劃進行——暫停一下，回想你的本意，你真正的目的。

一次我跟朋友到餐廳吃飯，隔壁桌客人的音量超大，使我幾乎聽不清楚朋友說的話。

我被吵得有點受不了，「我到這裡目的是什麼？」於是我問自己：「我是花錢來吃飯的，我生氣，變得食之無味，這頓美食就浪費了；我跟朋友好不容易相聚，如果心情不好，難得的聚會就糟蹋了……隨遇而安吧！」

「什麼才是真正的目的？」這是我們必須經常提醒自己的。想想，當你參加聚會、旅遊、參加活動或是回家探望父母、陪家人，如果你出現這些場合，卻煩躁不安、滿臉倦容，甚至為小事發怒，說實在的，那有什麼意義？

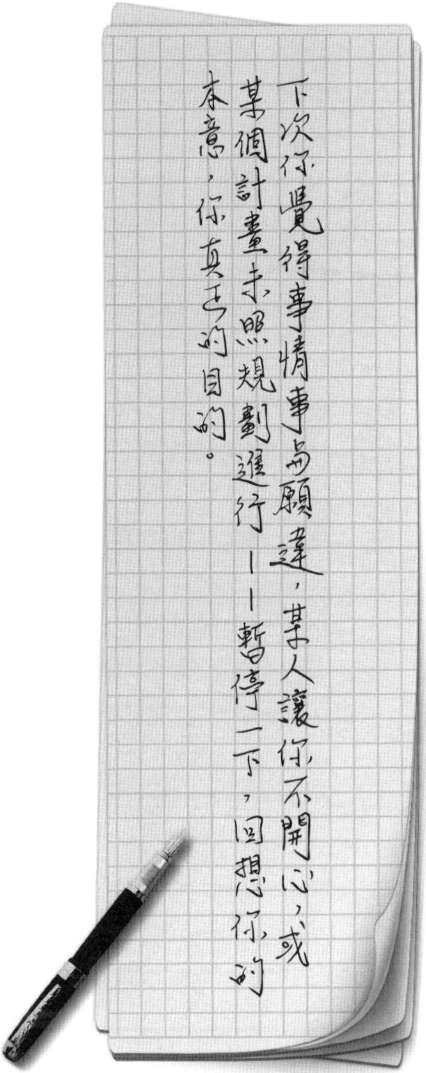
下次你覺得事情事與願違，某人讓你不開心，或
某個計畫未照規劃進行——暫停一下，回想你的
本意，你真正的目的。

注意你喜愛的

專注

不記陰，不記雨，只記晴天。
——安特梅葉

你在生活中尋找什麼，你就會發現什麼。你走在路上，怕踩到狗屎，那麼，沿路你就會發現許多垃圾和狗屎；你很厭惡隨地吐痰的人，那麼你在街上一定常常會看見這樣的人，甚至有人在百米之外吐痰你都會注意到。

你可以做個實驗：看看你的周遭，試著注意所有藍色的東西。認真地找，記下來之後，請閉上你的眼睛，然後回想一下剛剛你記下的所有——綠色的東西。看看你可以說出幾項？

好，現在打開你的眼睛，再看看你是不是漏掉很多？為什麼？

「因為你要我找藍色的東西，而不是綠色的。」答對了，這就是我要說的重點。你要找藍色的，所以你就只看到藍色的，而忽略了綠色。你的人生也是這樣。

有位初入職場的學生告訴我，她發現社會很現實很黑暗，不論去到哪裡，幾乎都可以發現人性的險惡。她想不透，為什麼每個人都在做表面、耍心機？

我跟她說：「每當我們注意什麼，就會在自己的生活當中發現更多相關的事實。這個社會有些人確實是險惡，但善良真誠的人也不少。但由於妳意識專注黑暗面，結果所到之處，就會一再遇到險惡的人。」她聽了，感到非常驚訝，但也點頭承認我說得對，因為她有幾個朋友也在職場，並沒有跟她一樣的遭遇。

想起一首很老的詩：兩個囚犯從監獄的鐵窗望出去，一個看到泥濘，另一個看到星星。

如果老專注厭惡的事物，就會一直心情煩悶；如果老專注於險惡，就會永遠活在恐懼；如果老選擇去看生命中失去的部分，就會永遠活在沮喪當中。生命的品質決定於注意力的品質，你所注意的東西將會成為你生命的重點。

某天夜裡我在寫書，太太突然說：「你有沒有聽到冷氣有怪聲？好吵！」仔細一聽，果然聽到陣陣呼呼的氣聲。怪的是，沒注意則已，一開始注意，那聲音就愈來愈清晰，後來我也覺得好吵。其實，若不是太太提醒，我根本沒有聽到那個聲音。

想法會隨著注意力而滋長，你對自己的想法投以愈多注意力，這想法便會在你心中愈形擴大，也愈顯得重要。

所以，你必須經常這麼提醒自己：「我現在把自己的意識專注在什麼地方？」並問：「這些意識會為我創造什麼？」

如果你想活得開心，記住，「把注意力放在你『喜愛的』，而不是你『厭惡的』事物上」。

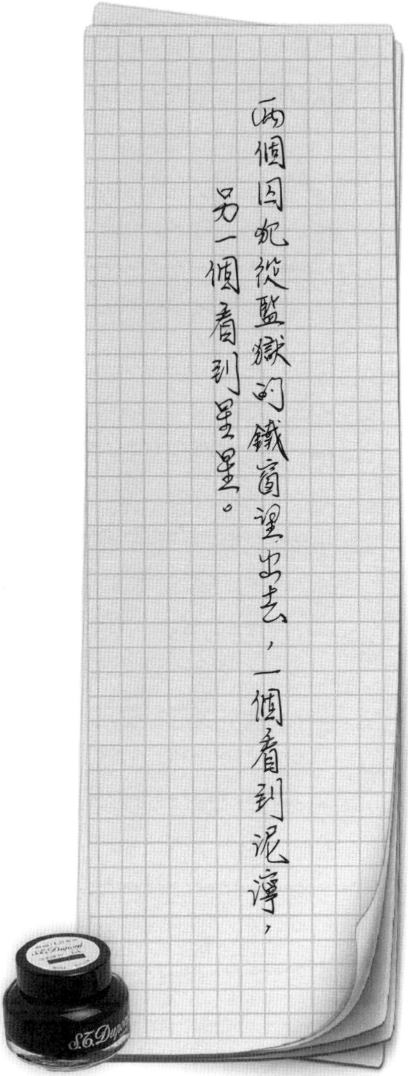
兩個囚犯從監獄的鐵窗望出去，一個看到泥濘，
另一個看到星星。

放下那個欲求

滿足

知足永遠不會窮；不知足永遠不會富。

——愛彌兒

什麼是滿足，什麼是不滿足？滿足就是擁有的比想要的多，不滿足就是想要的比擁有的多。更明白的說，不滿足就是想要求取更多的心態，滿足就是放下這種欲求。

我們常以為，若能得到更多的錢、更大的房子、更炫的車子或是更豪華的生活就會滿足，事實並不是這樣。不論我們擁有什麼，都一樣會不滿足，因為欲望的本質就是不滿足。

你曾觀察自己的欲望嗎？你也許想買某套漂亮

衣服，你想了很久，現在衣服穿在你身上，你滿足了嗎？沒有。因為你又想要不同的東西，對嗎？

每當你實現一個欲望時，你會發現又有新的欲望出現。每一個欲望都會衍生出更多新的欲望。也許你以為只要能擁有更多就滿足，那麼，去看那些擁有許多名牌時裝、百萬珠寶、千萬跑車、億萬豪宅、私人飛機、百億身價的人，他們滿足了嗎？

相傳有個盲人在路上跌倒，竟摸到十元，不但沒高興，反而哭了起來。旁人不解地問道：「你撿到十元，應該高興才是，怎麼哭了起來？」

盲人回答說：「我這瞎眼的，一跌倒就撿到十元，那些明眼的人，不知道撿到多少了！」

當你只有一元的時候，就想要十元，有了十元就想要一百元，然後又要一千元……一次又一次的經驗告訴我們，這個世上沒有什麼能徹底滿足欲望。

不滿的由來，是不知道自己早該滿足了。其實你已經擁有不少了，但你的心卻不在已擁有的東西上，你一直在找尋那些沒有的。結果，你越去想自己欠缺的，就越發沮喪，而越沮喪就越不滿，總覺得不足，這是沒有盡頭的。

我聽過一個關於小說家約瑟夫．海勒（Joseph Heller）的故事。某天他參加一個派對。有個人向他走來，指了指站在不遠處，一個事業成功的年輕人。那個人對海勒說：「你看到站在那邊那個年輕人嗎？他一個月賺的錢，比你這輩子寫的所有書還值錢。」

海勒回答道：「可是我知道我擁有一個他絕對不會有的東西。」

那人笑出來：「怎麼可能？什麼東西？」

海勒回答：「知足。」

試著了解欲望是什麼，你的不滿又是什麼？也許你會發現答案。因為問題不在「要怎麼滿足」，而是在「如何放下欲望」。

沒錯，欲望越少，滿足就越多。正所謂知足常樂。

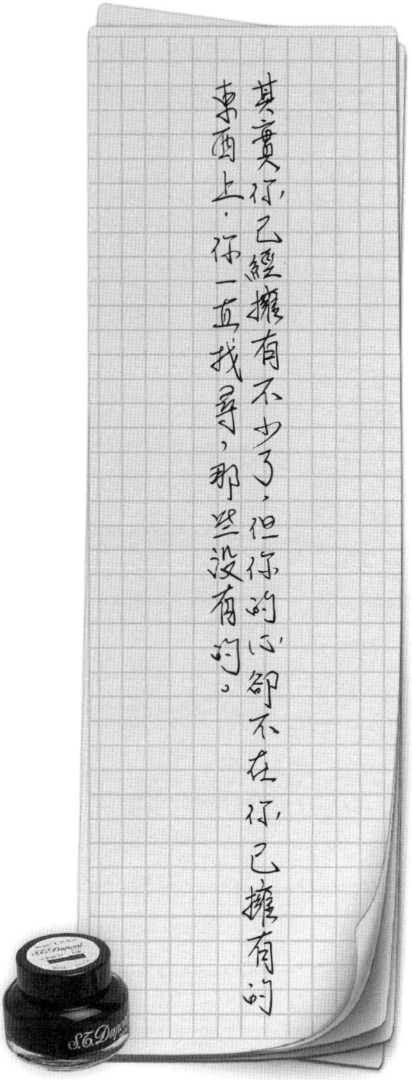
其實你已經擁有不少了，但你的心卻不在你已擁有的
東西上，你一直找尋，那些沒有的。

把腳步慢下來

追求

清風徐來，水波不興。
——蘇軾《赤壁賦》

有人說，快樂就像貓的尾巴一樣，越是不停地追逐，就越是追求不到，可是一旦慢下來，停下來，它卻與你如影隨形。

原因很簡單，追求，就表示你覺得有所欠缺，表示眼前不夠美好；你去追求，就意味著它們並不是跟你在一起，對嗎？只要你還致力在某處尋找，你就不可能享受當下的快樂。

美國繪本作家謝爾．希爾弗斯坦的《失落的一角》，呈現深刻的哲理和雋永的意趣。

有一個圓，被切去了好大一塊的三角楔，想自己恢復完整，沒有任何殘缺，因此四處尋找失去的部分。

因為它殘缺不全，只能慢慢滾動，所以能在路上欣賞花草樹木，還和毛毛蟲聊天，享受陽光。

它找到各種不同的碎片，但都不合適，所以都留在路邊，繼續往前尋找。

有一天這個殘缺不全的圓，找到一個非常合適的碎片，它很開心的把那碎片拼上，開始滾動。

現在它是完整的圓了，能滾得很快，快得使它注意不到路邊的花草樹木，也不能和毛毛蟲聊天。它終於發現滾動太快使它看到的世界好像完全不同，便停止滾動，把補上的碎片丟在路旁，慢慢滾走了。

你體會出其中的寓意嗎？

缺角的圓，或許那一角是象徵著，我們所缺少的事物。也許是成就、愛情，金錢、權力、名聲；或許是人生的某個缺憾，於是我們汲汲營營的追尋。

我們變得太過執迷於追求：職位升遷、銷售業績、收入的數字、流行的商品、愛人關愛的眼神……路邊的小花、蝴蝶的斑斕色彩、夕陽的餘暉我們視而不見，徐徐的清風無法觸動我們，雨水打在荷葉上也無法在心裡引起任何詩意。

索拉．佛斯特感嘆說：「人們為何總是熱衷在自己得不到的東西——鄉村夜晚的美麗景致、鮮花的色彩、雪片的神祕、飄盪在天空的雲朵行蹤——人們卻不懂得享受，為何我們無法滿足於已經擁有的？」

當我們不停地追逐著想像中代表快樂的尾巴，會不會到最後才發現，原來，快樂一直在我們身旁？

把腳步慢下來，就有閒情；心情放開了，就有逸致。套句劇作家王爾德的話：「生活就是你的藝術，你把自己譜成樂曲，你的生活就是十四行詩。」在斜照夕陽下砌一壺茶，在巷口的咖啡店讀一首詩，當微風輕吹，陽光穿過樹梢一道一道光灑落，你會以為，依稀彷彿，天堂伸手可及。

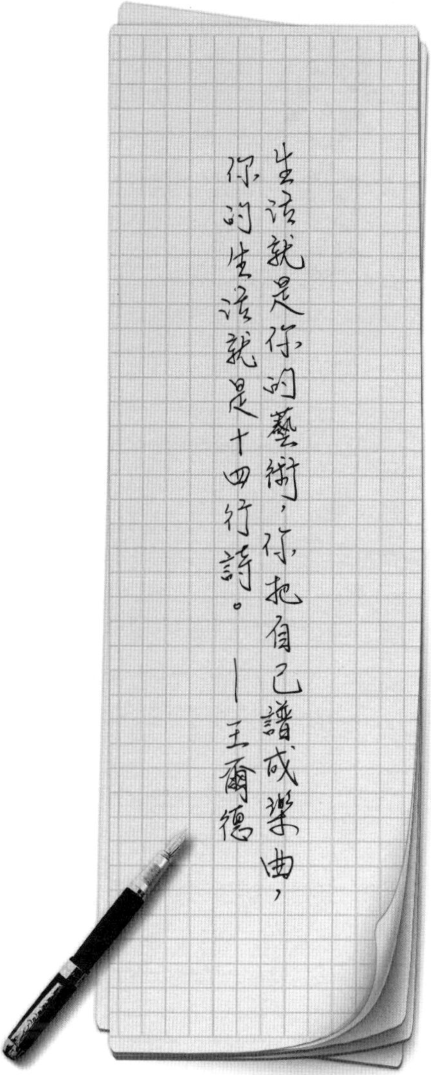
生活就是你的藝術，你把自己譜成樂曲，
你的生活就是十四行詩。——王爾德

你欠缺的只是失去

感恩

思之而存感謝。
——克倫威爾

聽到許多人埋怨、哀嘆生活中的一些芝麻小事。

仔細思考，覺得這些人實在不了解生活中能夠發生這些小問題是多麼幸福的事，我們應該慶幸於自己擁有這些問題才對。

簡言之，我們對自己所擁有的一切，缺乏一份感恩。

很多人怨工作苦，賺錢難，卻很少想過，若不是這樣，別人早就取而代之。有人嘆身體衰老，臉上佈滿皺紋，可能沒想過，有些人根本沒有這麼長的生命去經歷這些。有人嫌孩子煩，也許沒想過，對於那些想要卻不孕的夫婦來說，孩子卻是他們最大的奢望。有人怪父母太嘮叨。或許沒想過，如果哪一天見不到你的親人，聽不到他們的嘮叨，是否會有一種失落？

有個女兒婚後每次回家向母親傾訴，說婚姻很糟糕，丈夫既沒有好職業，又不懂浪漫，生活單調乏味。

這天，母親問：「你們在一起的時間多嗎？」

女兒說：「太多了。」

母親說：「當年，你父親上戰場，我每日企盼的是他能早日回來，與他長相廝守，可惜——他在一次戰鬥中犧牲了，再也不會回來，我真羨慕你們能夠朝夕相處。」說完，母親滄桑的老淚一滴滴掉下來。漸漸地，女兒彷彿明白了什麼。

俄國作家杜思妥也夫斯基一定深有所感，他說：「我們的不幸就在於，不懂得自身的幸福之處。」每天過著平凡無奇的日子，你不會覺得自己是幸福，等有一天，不幸的事情發生，然後，你突然很想回到過去，就會明白我在說什麼。

母親節於癌症中心舉辦活動，一位癌症媽媽接受訪問，她最大的願望即是自己能站起來走路，跟家人一起遊山玩水。還有一位失去視力的病人則說：「若有朝一日讓我恢復，那將是上蒼最大的恩賜。」

看得見，能走路，這不是很理所當然的事嗎？但你可知道，在我們周遭有多少人，最大的心願，只不過是乞求上天，讓他們有一天能看得見或站起來，有的人甚至能多活幾天就覺得很感激。

有句歌詞這麼說：「你不知道自己擁有什麼東西，直到你失去了它。」無疑，在失去之前，我們很少會意識到。這幾天在電視新聞上看到尼泊爾大地震的災情，其實沒有災難，就是幸福。

下回當你又開始怨東怨西，不妨想想，是否有此可能：你經常抱怨的問題可能不是因為有什麼不幸的事，而是因為一切都很好——你欠缺的只是一份感恩的心。

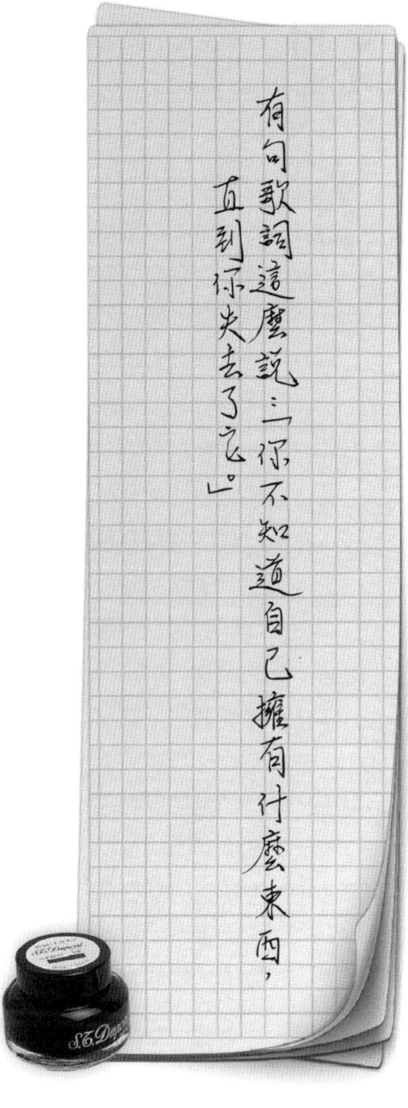
有句歌詞這麼說：「你不知道自己擁有什麼東西，
直到你失去了它。」

生命最重要的時刻

現在

眼前的喜悅，比晦暗不明的遙遠美景更踏實。

——英國詩人德雷登

人看起來好像是活在現在，但那不過是「看起來」而已，我們總是把人生延後到將來的某個時刻。等長大以後，等上了大學，等找到好工作，等結婚生子，等孩子都長大，等付完了房貸，等到退休……事實上，我們只是「經過」現在，並沒有活在現在。

我們堅信明天會更好，因此常常把生活寄託在明天之上，今天的生活也是為了明天做準備，生怕明天的生活會過得不好，生怕自己比別人差，還怕明天會後悔，所以我們從沒有好好活在現在。

為什麼要活在現在？

因為我們不可能活在其他時刻中。現在就是全部，未來在來到時，就是另一個現在。來臨的總是今天，當明天到來的時候，它又成了今天，一千個、一萬個明天也是今天，它們都會以今天，以現在到來。

你期待明天會更好。但是你記得你的昨天嗎？你的昨天也在等待今天。如果你因為下一個目標而犧牲現在，然後又因為明天的夢想而犧牲今天，如此不斷地犧牲下去——為明年而犧牲今年，為下輩子而犧牲這輩子，就會把一生都犧牲掉。

我認識一對築夢的夫妻，他們在很久以前，跑到鄉下買了千坪的土地，計劃退休後，在那裡蓋間木屋，過著擁抱山林，吹奏田園交響曲的生活。最近這對夫妻的一位好友因心臟病猝逝，得年五十七歲，原本還在努力工作存退休金，沒想到活不到退休那天。友人的猝死，讓這對夫妻有很深的領悟，繼續把時間投注在可能不會發生的未來，實在荒謬。想要好好過生活，時機就是現在——一直是現在。

捷克著名的文學家伊凡．克里瑪說過：「未來是無法掌握的未知數，當下卻可能稍縱即逝。」

生命中最重要的時間就是現在，當下此刻。如果你稱當下這個片刻為「現在」。那麼，當你稱它為「現在」的那個片刻，它就已經消失而進入過去，它已經不是現在，而那個你稱之為「未來」的片刻，當你稱它為「未來」時，它就已經變成現在，而朝向變成「過去」移動。

今天是一去不復返的一天，如果我們非要等明天才快樂，就會錯過今天的美好。

在課堂上，我常以此提醒學生：做為一個醫學生，我不會等到成為醫生之後才快樂；做為一個單身漢，我不會等到結了婚才開始我的生活；做為一個老師，我不會等到退休才享受人生樂趣。況且那一天可能永遠不會到來，為什麼不「活在當下」？

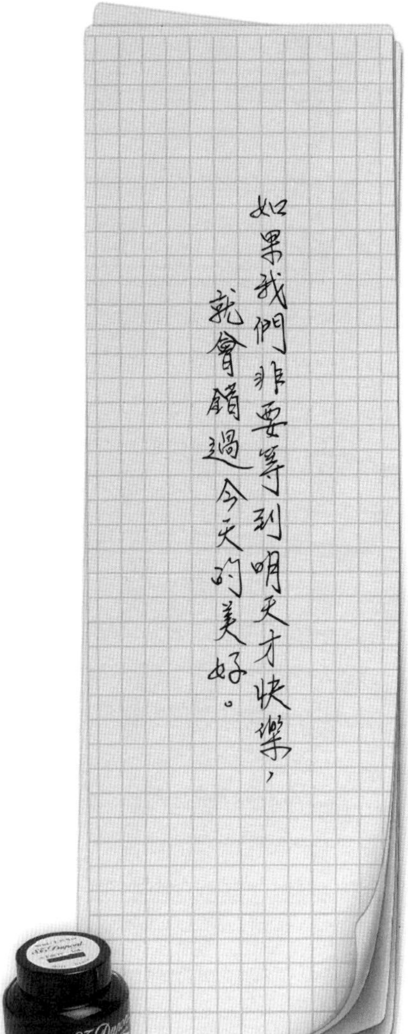
如果我們非要等到明天才快樂，
就會錯過今天的美好。

要用心去感受

幸福

不認為自己幸福的人，
不會幸福。
——西流士

曾有人問我：「幸福的標準是什麼？」我說：「是自我感覺吧！」我解釋，每個人的幸福都不一樣，有人認為可以睡好覺就很幸福。也有人認為，看著孩子一天天長大就很幸福；或是有人騎著單車，隨處晃晃就是幸福……其實，只要覺得自己是幸福的就是幸福，因為除了你之外，還有誰能替你去衡量？誰能替你感受？

連續劇每天上演著幸福華麗的生活，商品廣告中也不斷傳遞著「買了它，就能感到幸福」的訊息，常讓人產生一種錯覺——如果我們買到對的東西，如果我們找到對的人，如果我們有足夠的錢，我們就會幸福。以為幸福是外求的，這反而阻礙了幸福。

幸福不是在你擁有什麼，而是如何看你所擁有的。如果你想不透這個道理，不妨看看報章雜誌，為什麼那些有錢、有名的人，總是跟離婚、憂鬱、吸毒或自殺扯上。幸福，無法以邏輯去衡量；幸福，無法用錢去兌換；因為幸福不是在外在，而是內在的感受。

感受就像是「1」，假如你將零放在「1」後面，那麼你便有「10」，如果你將另一個零放在那個「10」後面，你便有「100」。你在「1」之後所放的每個零都是好的；若是沒感受到，放再多的零也沒什麼意義。

人會覺得生活無趣，是因為沒有用心感受。有一個父親對他的孩子說：「你到外面去看看，看到什麼來告訴我。」

孩子去了一會兒，回來說：「爸爸，我沒看到什麼呀！」

爸爸說：「你再去看看，把昨天沒看到，今天才看到的東西告訴我。」

孩子又去看了半天，回來說：「爸爸，籬邊的菊花開了，草地裡有一隻蝸牛慢慢爬，遠處有一頭水牛在吃草，有一隻白鷺鷥站在牠的背上，好有趣！」

當你走在路上，途中碰到美好的事物，如路旁的野花、蝸牛，乃至河邊的白鷺鷥，你感受到，這時候野花、蝸牛，白鷺鷥都為你存在。如果你視若無睹，即使天空佈滿了星星，若你不抬頭仰望，也等於什麼都沒有。

要感受幸福，首先，你必須領悟到幸福隨處可得。當你能夠真正了解，你不需要做任何事情，不用到什麼地方，不用將自己改造成另一個樣子或變成另一種人，就能立刻感到幸福。

一位作家朋友告訴我：對我而言，幸福就是為日常每一瞬間的奇蹟而歡欣鼓舞，從早茶與麥片、伏案寫稿、到每天傍晚與太太一起騎單車。幸福並不在遠方，它就在晨間綻放的花朵中，與朋友共進午餐時，陪孩子讀床邊故事的那個當下，窩在床上讀一本好書的午夜時分。

是啊！為什麼我們要去「追求」幸福，而不是「覺知」幸福？

擁有幸福的方法就是感受幸福。當我們一邊騎著單車，一邊欣賞隨處可得的美景，這就是幸福，而不是騎著單車，還在想著幸福在哪裡。

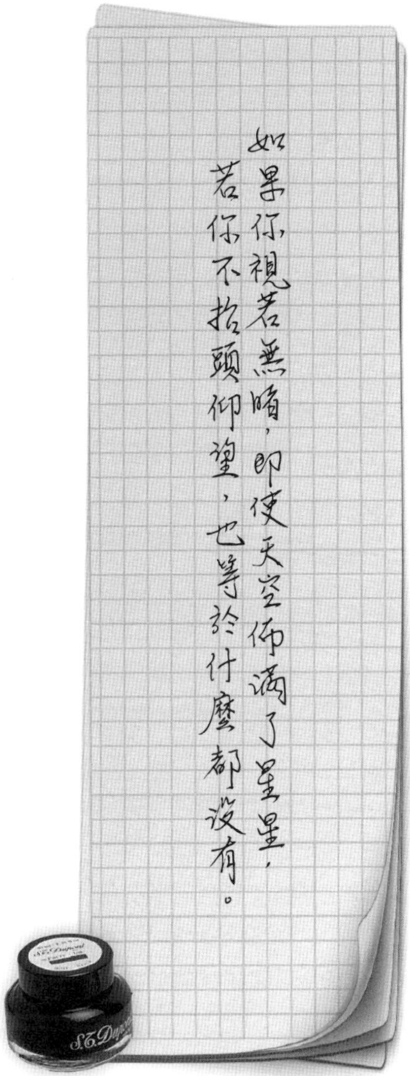
如果你視若無睹，即使天空佈滿了星星，
若你不抬頭仰望，也等於什麼都沒有。

高寶書版集團
gobooks.com.tw

HL 059
領悟兩個字，找回那個微笑的自己
作　　者　何權峰
手寫字體　何權峰
書系主編　蘇芳毓
美術編輯　宇宙小鹿
校　　對　林婉君
排　　版　趙小芳
企　　畫　陳宏瑄

發 行 人　朱凱蕾
出　　版　英屬維京群島商高寶國際有限公司台灣分公司
　　　　　Global Group Holdings, Ltd.
地　　址　台北市內湖區洲子街88號3樓
網　　址　gobooks.com.tw
電　　話　(02) 27992788
電　　郵　readers@gobooks.com.tw（讀者服務部）
　　　　　pr@gobooks.com.tw（公關諮詢部）
傳　　真　出版部 (02) 27990909　行銷部 (02) 27993088
郵政劃撥　19394552
戶　　名　英屬維京群島商高寶國際有限公司台灣分公司
發　　行　希代多媒體書版股份有限公司/Printed in Taiwan
初版日期：2015年7月

國家圖書館出版品預行編目(CIP)資料

領悟兩個字，找回那個微笑的自己 / 何權峰著
-- 初版. -- 臺北市：高寶國際出版：
希代多媒體發行, 2015.07
面；　公分. -- (生活勵志；HL059)

ISBN 978-986-361-175-2(平裝)
1.成功法　2.生活指導
177.2　　　104009844